JN437630

초급

슬로바키아어 강독

김규진
Nina Haviernikov á

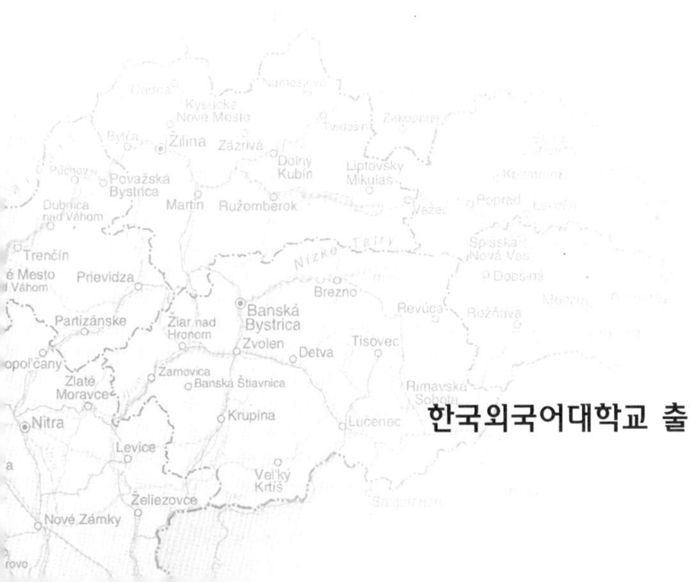

한국외국어대학교 출판부

머리말

이 교재는 주로 한국외국어대의 슬로바키아어를 배우는 학생들의 공부에 도움이 될 것이다. 저자들의 열의로서 슬로바키아어로 현대 의사소통하기에 대한 필요성에 응답하는 텍스트로 이루어져 있는 독본을 만들었다. 책은 텍스트 외에도 간단한 연습문제와 함께 된 기초 문법을 포함하고 있다. 기초문법은 책의 끝에 추가로 넣어 슬로바키아어 문법의 이해를 도모하였다.

이 교과서의 개념은 효과적인 의사소통이 언어의 최신 어휘 숙지라는 조건 하에 있고, 기초 문법 규칙을 정복할 필요성이 있다는 경험으로부터 시작된다.

이 교재는 15장으로 구성되어 있으며 각 장이 몇 개의 간단한 텍스트를 포함한다. 모든 텍스트에 슬로바키아어와 한국어로 된 문법 해설이 따르는 슬로바키아어-한국어 단어장이 포함되어 있다. 몇몇 텍스트 종결에는 저자들이 텍스트의 문법현상과 관계있다고 보는 연습문제를 포함시켰다.

독본은 대학의 슬로바키아어를 공부하는 1학년 학생을 위한 자료를 대표한다. 어휘는 학생들의 언어소통 필요성에만 기초를 두어 선정된 것일 뿐만 아니라, 문법현상 해설과도 관계가 있다.

학업에서의 많은 성공과 슬로바키아어로 이해하고 소통하는 기쁨을 누리길 바란다.

한국외국어대학교 왕산 연구실에서
저자 일동

Úvod

Táto učebnica má predovšetkým slúžiť pri štúdiu slovakistov na Kórejskej univerzite zahraničných štúdií. Zámerom autorov bolo vytvoriť čítanku, obsahujúci texty reagujúce na potreby bežnej modernej komunikácie v slovenčine, a to predovšetkým slovnou zásobou, ktorú si študenti takýmto spôsobom môžu budovať. Okrem textov obsahuje kniha základnú gramatiku s jednoduchými cvičeniami.

Koncept tejto učebnice vychádza zo skúsenosti, že efektívna komunikácia je podmienená znalosťou aktuálnej slovnej zásoby hovoreného jazyka a nevyhnutnosti ovládať základné gramatické pravidlá. Čítanka obsahuje pätnásť kapitol, z ktorých každá prezentuje niekoľko jednoduchých textov. Každý text je doplnený slovensko-kórejským slovníkom, za ktorým nasleduje výklad gramatiky v slovenčine a kórejčine. Na záver niektorých textov zaradili autori cvičenia týkajúce sa gramatických javov v texte.

Čítanka predstavuje doplňujúci materiál k prvému roku štúdia slovenčiny na univerzite. Slovná zásoba bola zvolená nielen na základe komunikačných potrieb študentov, ale aj so zreteľom na výklad gramatických javov. Veľa úspechov v štúdiu a radosti z komunikovania v slovenčine!

Kórejská univerzita cudzích jazykov.
Autori

목 차

Lekcia 1 제 1 과

Text 1 Kto je to? 그는 누구입니까?

Kto je to? To je Martin. Martin je študent.
Kto je to? To je Júlia. Júlia je študentka.
Kto je to? To je pán Michalík. Pán Michalík je profesor.
A to je pani Michalíková. Pani Michalíková je profesorka.
Slečna Gabríková je tiež profesorka.
To je Petra. Petra je manažérka.
To je Ivan. Ivan je manažér.
Pán Jurči je právnik.
Karin je tiež právnička.
Martina je úradníčka a Ján je úradník.
Tomáš je informatik.

Kto je tá pani? To je pani Michalíková. Volá sa Oľga Michalíková.
Kto je ten pán? To je pán profesor Michalík. Volá sa Peter Michalík.
Kto je tá študentka? To je Júlia. Volá sa Júlia Halenárová.
Kto je ten študent? To je Martin. Volá sa Martin Halenár.

Ako sa volá tá profesorka? Tá profesorka sa volá Oľga Michalíková.
Ako sa volá ten profesor? Ten profesor sa volá Peter Michalík.

◈ Slovník 단어장

• To je...	이 사람은 ......입니다.
• študent/študentka	학생(남/여)
• pán/pani/slečna	씨(Mr.), 님, 남자 주인/부인(Mrs.), 여사/양, 미혼의 젊은 여성(Miss)
• profesor/profesorka	교수(남/여)
• tiež	역시
• manažér/manažérka	매니저(남/여)
• právnik/právnička	변호사, 법률가(남/여)
• úradník/úradníčka	사무원, 공무원(남/여)
• informatik/informatička	안내원(남/여)
• a	그리고
• Ako sa volá?	무엇입니까? 어떻게 부릅니까?
• ten/tá	그것, 저것(남/여)
• Volá sa...	~라고 부릅니다(합니다).

Text 2 Čo je to? 그것은 무엇입니까?

Čo je to? To je stôl.
Čo je to? To je kniha.
Čo je to? To je pero.

Aký je ten stôl? Ten stôl je veľký.
Aká je tá kniha? Tá kniha je nová.
Aké je to pero? To pero je dobré.

Ten stôl je veľký a ten stôl je malý. Tá kniha je nová a tá kniha je stará. To pero je dobré a to pero je zlé.

Pán Michalík je starý a Martin je mladý. Pani Michalíková je nízka a Júlia je vysoká.

◈ Slovník 단어장

- Čo je to? 이것은 무엇입니까?
- stôl, m 책상
- kniha, f 책
- pero, n 철필, 볼펜
- Aký je...? Aká je...? Aké je...?
  어떠한(남성/여성/중성)...?
- veľký 큰
- nový 새로운
- dobrý 좋은
- malý 작은, 적은
- starý 늙은, 낡은
- zlý 나쁜, 사악한
- mladý 젊은
- nízky 낮은
- vysoký 높은

문법

슬로바키아 어의 성

형용사의 성에는 남성, 중성, 여성이 있다.

veľký, m 큰(남성) veľká, f 큰(여성)

veľké, n 큰(중성)

대명사의 성에도 남성, 중성, 여성이 있다.

ten, m 이것 tá, f 이것

to, n 이것

Text 3 To je Martin. 그는 마르틴입니다.

To je Martin. Martin je dobrý študent.
To je pán Michalík. Pán Michalík je múdry profesor.
To je Petra. Petra je mladá manažérka.
To je Karin. Karin je skúsená právnička.

To je nový stôl, to je stará kniha a to je zlé pero.
To je pekný park, to je moderná škola a to je drahé auto.
To je vysoký strom, to je nízka stolička a to je veľké kino.
To je malý obchod, to je lacná káva a to je staré parkovisko.

◈ Slovník 단어장

• múdry	현명한
• skúsený	경험이 있는, 노숙한, 노련한
• moderný	현대의
• drahý	비싼, 귀중한
• pekný	아름다운, 멋진
• škaredý	추한, 못생긴
• lacný	싼
• park, m	공원
• škola, f	학교, 학원
• auto, n	차, 자동차
• strom, m	나무
• stolička, f	작은 책상
• kino, n	영화관, 극장(영화)
• obchod, m	가게, 점포
• káva, f	커피
• parkovisko, n	주차장

! 문법

Konsonant je silné zakončenie pre substantíva mužského rodu (maskulína).

남성명사는 자음으로 끝난다.

Koncovka „a“ je silné zakončenie pre substantíva ženského rodu (feminína).

여성명사는 „a“로 끝난다.

Koncovky „o“, „e“ a „ie“ sú silné zakončenia pre substantíva stredného rodu (neutrá).

중성 명사는 „o“, „e“ , „ie“로 끝난다.

연습문제

1. Odpovedzte na otázky. 다음 질문에 답하세요.

a) Aký je pán Michalík?

b) Aký je Martin?

c) Aká je pani Michalíková?

d) Aká je Júlia?

2. Doplňte ten, tá alebo to. 대명사 ten, tá, to를 넣으세요.

____________________ kvet

____________________ záhrada

____________________ svetlo

____________________ jablko

____________________ lampa

____________________ mesto

____________________ poschodie

____________________ sveter

____________________ more

3. Doplňte lacný, lacná alebo lacné. 형용사lacný, lacná, lacné를 넣으세요.

____________________ kabát

____________________ mlieko

____________________ taška

Ľudovít Štúr v roku 1843 kodifikoval spisovnú slovenčinu

제 2 과

Text 1 Kto je to? 그는 누구입니까?

Kto je to? Je to Júlia? Nie, to nie je Júlia, to je Petra.
Kto je to? Je to Martin? Nie, to nie je Martin, to je Tomáš.
Čo je to? Je to kniha? Nie, to nie je kniha, to je slovník.
Čo je to? Je to dom? Nie, to nie je dom, to je škola.
Čo je to? Je to kino? Nie, to nie je kino, to je divadlo.

◈ Slovník 단어장

nie	아니
nie je	그것은 아니다
slovník, m	사전
dom, m	집, 건물
divadlo, n	극장(연극, 오페라)

Text 2 Je ten študent vysoký? 그 학생은 큽니까?

Je ten študent vysoký? Nie, nie je vysoký, je nízky.
Je tá profesorka stará? Nie, nie je stará, je mladá.
Je to kino pekné? Nie, nie je pekné, je škaredé.

To auto nie je drahé. Je lacné.
Tá škola nie je nová. Je stará.
Ten dom nie je veľký. Je malý.

Text 3 Ten muž nie je študent. 그 남자는 학생이 아닙니다.

Ten muž nie je študent. Asi je profesor. Nie je starý. Je mladý.

Tá žena nie je profesorka. Je študentka. Volá sa Júlia a nie je vysoká. Je nízka a pekná.

Petra je tiež pekná, ale nie je študentka. Je manažérka. Nie je nízka, je vysoká.

To auto nie je rýchle. Je pomalé a staré.

◈ Slovník 단어장

muž, m	남편, 남자
žena, f	아내, 여자
asi	아마도
ale	그러나
rýchly	빠른
pomalý	느린

Text 4 Ja som Alena. 나는 알레나입니다.

- Ja som Alena. To je Roman a to je Marianna. Ty si Linda?
- Áno, ja som Linda. Teší ma.
- Odkiaľ si, Linda?
- Som z Trnavy. A ty?
- Ja, Roman a Marianna sme z Bratislavy.
- Vy ste z Bratislavy?
- Áno, sme. A odkiaľ sú oni?
- Peter a Júlia sú tiež z Bratislavy.

Alena, Roman a Marianna nie sú z Trnavy. Sú z Bratislavy.
Linda nie je z Bratislavy, je z Trnavy.

◈ **Slovník** 단어장

(ja) som...	나는 ~이다
(ty) si...	너는 ~이다
(on/ona) je ...	그는/그녀는 ~이다
(my) sme...	우리는 ~이다
(vy) ste...	당신은 ~이다
(oni/ony) sú...	그들은 ~이다
Nie som...	나는 ~가 아니다
Nie si...	너는 ~가 아니다
Nie je...	그는 ~가 아니다
Nie sme...	우리들은 ~가 아니다
Nie ste...	당신은 ~가 아니다
Nie sú...	그들은 ~가 아니다
Teší ma.	나는 기쁘다
Odkiaľ si?	너는 어디서(어느 나라에서) 왔느냐?
z/zo, prep.	~로부터

! 문법

인칭대명사

oni 그들(남성)
ony 그들(여성)

oni – maskulína, plurál *alebo* maskulína + feminína, plurál
ony – *len* feminína plurál

연습문제

1. Odpovedzte na otázky negatívne. 질문에 부정적인 답을 하세요.

1) Je ten profesor mladý?
2) Je to divadlo staré?
3) Je tá manažérka škaredá?

Cvičenie 연습문제

2. Je Linda z Bratislavy? Nie, Linda nie je z Bratislavy, Linda je z Trnavy.
Odkiaľ sú Alena, Roman a Marianna? Oni sú z Bratislavy.
Sú Peter a Júlia z Bratislavy? Áno, sú z Bratislavy.

연습문제

1) Odkiaľ si ty?
2) Si z Bratislavy?
3) Si zo Soulu?

Bratislavský hrad

Lekcia 3 제 3 과

Text 1 Čo robíš, Júlia? 율리아, 너는 무엇을 하니?

Martin: „Čo robíš, Júlia?“

Júlia: „Pozerám televíziu. A ty?“

Martin: „Ja počúvam rádio.“

Júlia: „Čo robí Roman?“

Martin: „On surfuje na internete.“

Júlia: „A Alena a Marianna?“

Martina: „Ony čítajú.“

Júlia: „Aj Linda číta.“

Iveta: „Ahoj, mama a otec. Čo robíte?“

Pani Hornáčková: „Ahoj, Ivetka. Sedíme a pijeme čaj. A ty a Oliver?“

Iveta: „Ideme do kina.“

Pani Hornáčková: „A čo robíte potom?“

Iveta: „Potom varíme večeru a pozeráme film.“

Pani Hornáčková: „Čo robíte zajtra?“

Iveta: „Ja pracujem a Oliver hrá futbal.“

◈ Slovník 단어장

Čo robíš?	너는 무엇을 하니?
Čo robí?	그는/그녀는 무엇을 하니?
Čo robíte?	당신은 무엇을 하십니까?
Čo robia?	그들은 무엇을 합니까?
Pozerám televíziu.	나는 텔레비전을 본다.
Počúvam rádio.	나는 라디오를 듣는다.
Surfuje na internete.	그는 인터넷을 한다.
Ony čítajú.	그들은 읽고 있다.
Sedíme.	우리들은 앉아 있다.
Pijeme čaj.	우리들은 차를 마신다.
Ideme do kina.	우리들은 영화관에 간다.
potom	그리고 나서, 다음에
Varíme večeru.	우리는 저녁을 준비한다.
Pozeráme film.	우리는 영화를 본다.
Pracujem.	나는 일한다.
Hrá futbal.	그는/그녀는 축구를 한다.

문법

동사의 활용형

Robiť 일하다

Robím
Robíš
Robí

Robíme
Robíte
Robia

Čítať 읽다

Čítam
Čítaš
Číta

Čítame
Čítate
Čítajú

Piť 마시다

Pijem

Piješ

Pije

Pijeme

Pijete

Pijú

Text 2 Ráno sa sprchujem a raňajkujem.
아침에 나는 샤워를 하고 아침을 먹는다.

Elena: „Ráno sa sprchujem a raňajkujem. Potom idem do školy. V škole študujem. Čítam, píšem. V škole aj obedujem. Potom idem do kina. Pozerám film. Večer som v reštaurácii a večeriam. Potom idem domov a pracujem na počítači. Umývam sa a pozerám televíziu. V noci spím."

Čo robí Elena celý deň?

Elena sa sprchuje a raňajkuje. Potom ide do školy. V škole študuje. Číta, píše. V škole aj obeduje. Potom ide do kina. Pozerá film. Večer je v reštaurácii a večeria. Potom ide domov a pracuje na počítači. Umýva sa a pozerá televíziu. V noci spí.

◈ Slovník 단어장

ráno, adv.	아침에
sprchovať sa	샤워하다
raňajkovať	아침을 먹다
ísť	가다
do školy	학교 안으로
v škole	학교에서
študovať	공부하다
čítať	읽다
písať	쓰다
aj	역시, 또한
obedovať	점심을 먹다
do kina	극장 안으로
pozerať	보다
film, m	영화, 사진필름
večer, adv.	저녁에
v reštaurácii	레스토랑에서
reštaurácia, f	레스토랑, 식당
večerať	저녁식사 하다
domov	집, 가정
pracovať	일하다
na počítači	컴퓨터에
počítač, m	컴퓨터
umývať sa	씻다
televízia, f	텔레비전
v noci	밤에
noc, f	밤
spať	자다

Text 3 Kedy sa Elena sprchuje?
엘레나는 언제 샤워를 합니까?

Kedy sa Elena sprchuje? Ráno.
Čo robí v škole? V škole študuje.
Kde obeduje? Obeduje v škole.
Čo robí v kine? V kine pozerá film.
Kde večeria? V reštaurácii.

◈ Slovník 단어장

kedy	언제
kde	어디에
čo	무엇
kto	누구

문법

동사의 활용형

Verbum „ísť" 동사 „가다(걸어가다)"

Idem
Ideš
Ide

Ideme
Idete
Idú

„-ova-„ verbá „-ova-„형 동사

Sprch**ovať** sa 샤워하다

Sprch**uj**em sa
Sprch**uj**eš sa
Sprch**uje** sa

Sprch**uj**eme sa
Sprch**uj**ete sa
Sprch**ujú** sa

Raňajk**ovať** 아침을 먹다

Raňajk**uje**m
Raňajk**uje**š
Raňajk**uje**

Raňajk**uje**me
Raňajk**uje**te
Raňajk**ujú**

Štud**ovať** 공부하다

Štud**uje**m
Štud**uje**š
Štud**uje**

Štud**uje**me
Štud**uje**te
Štud**ujú**

Obed**ovať** 점심을 먹다

Obed**uje**m
Obed**uje**š
Obed**uje**

Obed**uje**me
Obed**uje**te
Obedujú

Prac**ovať** 일하다

Prac**uje**m
Prac**uje**š
Prac**uje**

Prac**uje**me
Prac**uje**te
Prac**ujú**

„A“ verbá „A“ 형 동사

Večerať 저녁을 먹다

Večeri**a**m
Večeri**a**š
Večeri**a**

Večeri**a**me
Večeri**a**te
Večer**a**jú

Pozerať 보다

Pozer**á**m
Pozer**á**š
Pozer**á**

Pozer**á**me
Pozer**á**te
Pozer**a**jú

„E" verbá „E" 형 동사

Písať 쓰다

Píš**e**m
Píš**e**š
Píš**e**

Píš**e**me
Píš**e**te
Píš**u**

„I" verbá „I" 형 동사

Spať 자다

Sp**í**m
Sp**í**š
Sp**í**

Sp**í**me
Sp**í**te
Sp**ia**

Text 4 Volám sa Marianna.
나는 마리아나라고 합니다.

Volám sa Marianna. Toto je môj denný program.

Ráno vstávam. Osprchujem sa. Obliekam sa. Raňajkujem cereálie a džús. Idem na univerzitu. Doobeda študujem. Obedujem cestoviny. Poobede cestujem do centra. Idem na kávu s kamarátmi. Doma večeriam a zase študujem. Večer pozerám televíziu. V noci spím.

Čo robí Marianna ráno?

Vstáva, sprchuje sa, oblieka sa a raňajkuje. Ide na univerzitu.

Čo robí doobeda?

Študuje a obeduje cestoviny.

Čo robí poobede?

Cestuje do centra a ide na kávu s kamarátmi. Doma večeria a zase študuje.

Čo robí večer?

Pozerá televíziu.

Čo robí v noci?

V noci spí.

◈ Slovník 단어장

môj	나의
denný program, m	일과표
vstávať	일어나다
obliekať sa	옷을 입다
cereálie, pl.	시리얼
džús, m	주스
univerzita, f	대학교
na univerzitu	대학교로
doobeda, adv.	점심 전, 오전
cestoviny, pl.	파스타
poobede, adv.	오후에
cestovať	여행하다
centrum, n	센터, 중앙
do centra	센터로, 중심으로
na kávu	커피를 위해(마시러)
kamarát/kamarátka	친구(남/여)
kamaráti, pl.	남자 친구들
s kamarátmi	남자 친구들과 함께
doma, adv.	집에(서)
zase	또, 다시

Text 5 V sobotu ráno nevstávam. 토요일 나는 아침에 일어나지 않습니다.

Marianna hovorí: „V sobotu ráno nevstávam. Doobeda spím. Neraňajkujem. Necestujem na univerzitu, ale idem do kina. Neštudujem. Nevečeriam doma, večeriam v reštaurácii. Nepozerám televíziu, ale hrám sa na počítači. V noci nespím, ale idem na diskotéku. Sobota je ideálny deň."

◈ Slovník 단어장

hovoriť	대화하다
sobota, f	토요일
v sobotu	토요일에
nevstávam.	나는 일어나지 않는다
neraňajkujem.	나는 아침을 먹지 않는다
necestujem.	나는 여행을 가지 않는다
neštudujem.	나는 공부를 하지 않는다
nevečeriam.	나는 저녁을 먹지 않는다
nepozerám.	나는 보지 않는다
nespím.	나는 자지 않는다
diskotéka, f	디스코텍
na diskotéku	디스코텍에서
ideálny	이상적인
deň, m	하루, 날

연습문제

1. Odpovedzte na otázky. 질문에 답을 하세요.

1) Čo robí Elena ráno?

2) Čo robí v škole?

3) Čo robí večer?

4) Čo robí v noci?

2. Odpovedzte záporne. 부정으로 답하세요.

1) Sprchuje sa Marianna?

2) Obeduje doma?

3) Hrá sa na počítači?

Lekcia 4

제 4 과

Text 1 Moja izba 나의 방

To je moja izba. Je veľká a svetlá. Vpredu je kreslo. Je pohodlné. Vpravo je posteľ . Je nová. Vľavo je stôl a stolička. Stôl je drevený. Vzadu je okno. Je často otvorené. Hore je lampa. Je moderná. Dole je koberec. Je farebný.

Na koberci ležia knihy a časopisy. Čítam každý deň.

◆ Slovník 단어장

môj/moja/moje	나의(남성, 여성, 중성)
izba, f	방, 아파트
svetlý	밝은
kreslo, n	소파
pohodlný	안락한, 편안한
posteľ, f	침대
drevený	나무의
okno, n	창문
otvorený	열린
často	자주
lampa, f	램프
koberec, m	양탄자
farebný	채색된, 화려한
knihy, pl.	책들
časopis, m	잡지
časopisy, pl.	잡지들
každý	각각의, 개개의, 모든~, 매~
vpravo, adv.	오른쪽에
vľavo, adv.	왼쪽에
hore, adv.	위에
dole, adv.	밑에
vpredu, adv.	앞에
vzadu, adv.	뒤에

Text 2 Vstávam ráno 6:30. 나는 아침 6시 반에 일어납니다.

Vstávam ráno o 6:30. Potom sa sprchujem a raňajkujem. Do práce idem autobusom o 7:15. V práci telefonujem, pracujem na počítači a konzultujem s kolegami.

Obedujem o 12:30 v reštaurácii pri našej firme. Potom zase pracujem až do večera. Z práce odchádzam okolo 19:00. Domov prídem obyčajne okolo 19:45.

Večeriam okolo 20:30. Potom pozerám televíziu do 11:50 – je to môj obľúbený program.

Potom idem do postele a spím.

◈ Slovník 단어장

práca, f	직장, 일터
do práce	일터로
z práce	직장으로부터
autobus, m	버스
autobusom	버스로
konzultovať	상담하다
kolega/kolegyňa	친구, 동료(남/여)
s kolegami	남자 친구들과함께
s, prep.	~와 함께(전치사)
náš, naša, naše	우리(들)의
firma, f	회사
pri našej firme	우리 회사에 속한
do večera	저녁까지
okolo, prep.	가까이, 주위에
do, prep.	안으로
obľúbený	좋아하는
program, m	프로그램
do postele	침대 속으로

문법

수사

1 – jeden/jedna/jedno
2 – dva/dve
3 – tri
4 – štyri
5 – päť
6 – šesť
7 – sedem
8 – osem
9 – deväť
10 – desať

11 – jedenásť
12 – dvanásť
13 – trinásť
14 – štrnásť
15 – pätnásť
16 – šestnásť
17 – sedemnásť
18 – osemnásť
19 – devätnásť
20 – dvadsať

21 – dvadsať jeden
22 – dvadsať dva

30 – tridsať
40 – štyridsať
50 – päťdesiat

Text 3 Kedy vstávaš? 너는 언제 일어나니?

Mária: „Kedy vstávaš?“

Jana: „Vstávam o 7:00. A ty?“

Mária: „6:30. Kde je tvoja práca?“

Jana: „Moja práca je v centre.“

Mária: „Aj moja práca je v centre, ale môj byt nie je v centre. Do práce cestujem autobusom.“

Jana: „Moj byt je, našťastie, v centre. Ja necestujem autobusom. Do práce idem/chodím peši.“

Text 4 Kde je tvoje auto? 네 자동차는 어디에 있니?

Peter: „Kde je tvoje auto?“

Oliver: „Tam, na parkovisku.“

Peter: „Moje auto je tu.“

Oliver: „To je pekné auto. Je nové?“

Peter: „Nie, má 3 roky.“

◈ Slovník 단어장

môj/moja/moje	나의
tvoj/tvoja/tvoje	너의
v centre	중앙에
byt, m	아파트
našťastie	다행히
peši	걸어서
tam	저기에, 저기로
tu	여기에
na parkovisku	주차장에서
Má 3 roky.	그것은 3 년이나 됐다.

연습 문제

1. Odpovedzte na otázky. 질문에 답하세요.

1) Kde je kreslo?
2) Aké je to kreslo?
3) Kde je posteľ?
4) Aká je tá posteľ?
5) Kde je stôl?
6) Aký je ten stôl?
7) Kde je okno?
8) Kde je lampa?
9) Aká je tá lampa?
10) Kde je koberec?
11) Aký je ten koberec?

2. Čítajte. 소리 내어 읽어 보세요.

1) 28, 34, 46, 25, 47, 53, 59
2) 8:55, 15:35, 18:50, 7:30, 22:10, 5:15, 19:40, 19:45, 14:20
3) Autobus odchádza 8:30 ráno. Vlak do Bratislavy odchádza 20:45 večer. Je 14:10 poobede.

Štátny znak Slovenskej republiky

Lekcia 5 제 5 과

Text 1 Dobrý deň. 안녕하세요. (좋은 아침!)

Dobrý deň. Volám sa Alexandra Kráľová. Som zdravotná sestra. Pracujem v nemocnici. Môj manžel sa volá František Kráľ. Je súkromný podnikateľ. Bývame v Trnave. Trnava nie je veľké mesto, ale je to pekné mesto. Trnava je na Slovensku.

Náš syn Roman je inžinier. Pracuje v elektrárni. Je ženatý. Jeho manželka sa volá Linda. Oni žijú tiež v Trnave. Ich dcéra sa volá Diana a je ešte bábätko. Je veľmi malá. Diana celý deň spí. Jej izba je krásna.

Náš druhý syn sa volá Tomáš. On je slobodný, ale má priateľku. Volá sa Veronika. Tomáš študuje informatiku.

◈ Slovník 단어장

zdravotná sestra, f	간호사
nemocnica, f	병원
v nemocnici	병원에서
manžel, m	남편
manželka, f	부인, 아내
súkromný podnikateľ, m	개인 사업가
bývať	살다, 거주하다
mesto, n	도시
Slovensko, n	슬로바키아
na Slovensku	슬로바키아에서
na, prep.	~에(서)
náš	우리의
syn, m	아들
inžinier, m	기술자, 공학도
elektráreň, f	발전소
v elektrárni	발전소에서
ženatý	결혼한
žiť	살다, 거주하다
v, prep.	~에(서)
ich	그들의
dcéra, f	딸
ešte	아직(도)
bábätko, n	아기
veľmi	대단히, 매우
celý	전체의

jej	그녀의
izba, f	방, 아파트
druhý	다른, 제 2 의, 둘째의
slobodný	자유의, 미혼의
priateľka, f	여자 친구
informatika, f	정보학, 정보과학

문법

소유대명사

môj/moja/moje 나의
tvoj/tvoja/tvoje 너의
jeho 그의
jej 그녀의

náš/naša/naše 우리의
váš/vaša/vaše 당신의
ich 그들의

Môj syn	náš syn
Moja dcéra	naša dcéra
Moje auto	naše auto
Tvoj syn	váš syn
Tvoja dcéra	vaša dcéra
Tvoje auto	vaše auto
Jeho syn	ich syn
Jeho dcéra	ich dcéra
Jeho auto	ich auto
Jej syn	
Jej dcéra	
Jej auto	

Text 2 Moja matka je lekárka.
나의 어머니는 의사입니다.

Moja matka je lekárka. Pracuje v nemocnici.

Môj otec je inžinier. Pracuje v továrni.

Moja sestra je študentka. Študuje žurnalistiku.

Môj brat je manažér. Pracuje vo firme.

Moja stará matka je predavačka. Pracuje v supermarkete.

Môj starý otec je dôchodca. Už nepracuje.

◈ Slovník 단어장

matka/mama, f	어머니, 엄마
lekár/lekárka	의사(남/여)
otec/oco/tato, m	아버지/ 아빠
inžinier, m	기술자, 공학도
továreň, f	공장
v továrni	공장에서
sestra, f	누이
žurnalistika, f	저널리즘
brat, m	형제(남)
vo firme	회사에서
stará matka/stará mama, f	할머니
predavačka, f	증조할머니
supermarket, m	슈퍼마켓
v supermarkete	슈퍼마켓에서
starý otec, m	할아버지
dôchodca/dôchodkyňa	은퇴자(남/여)

Text 3 Telefonát (Tomáš a mama) 전화 대화

- Haló, tu je Tomáš. Veronika a ja sme teraz v kaviarni.
- Kde ste?
- V kaviarni.
- Sú v kaviarni aj Roman aj Linda?
- Nie, Roman a Linda tu nie sú. Kde si ty, mama?
- Ja som ešte v práci.

◈ Slovník 단어장

kaviareň, f	커피숍, 다방
v kaviarni	커피숍에서

Text 4 To je pekná lampa. 이것은 아름다운 램프입니다.

- To je pekná lampa.
- Ktorá? Tá vysoká alebo tá nízka?
- Tá vysoká.

- To je zaujímavý televízor.
- Ktorý? Ten sivý alebo ten čierny?
- Ten čierny.

- To je pohodlné kreslo.
- Ktoré? To modré alebo to hnedé?
- To hnedé.

◈ Slovník 단어장

lampa, f	램프, 등불
ktorý/ktorá/ktoré	어떤
zaujímavý	재미있는
televízor, m	텔레비전
sivý	회색의, 잿빛의
čierny	검은
modrý	푸른
hnedý	갈색의
farby	색깔
červená	붉은
zelená	녹색의
modrá	푸른
žltá	노란
sivá	회색의
čierna	검은
ružová	붉은
hnedá	갈색의
fialová	보라색의
oranžová	오렌지색의
biela	흰

Text 5 V byte je izba, kuchyňa a kúpeľňa.
아파트에는 방, 부엌 그리고 욕실이 있습니다.

V byte je izba, kuchyňa a kúpeľňa. V izbe je gauč a televízor. Pri televízore je polička. Na gauči sedí otec a pozerá film.

V kuchyni je veľký stôl. Na stole je pivo. Pri stole je sporák. Pri sporáku je chladnička. V chladničke je mlieko. Pri mlieku v chladničke je jogurt.

V kúpeľni je vaňa a umývadlo. Pri umývadle je uterák. Na vani je mydlo.

◈ Slovník 단어장

v byte	아파트에서
kuchyňa, f	부엌
kúpeľňa, f	목욕탕
gauč, m	소파
polička, f	(작은) 선반
sedieť	앉다
pivo, n	맥주
sporák, m	스토브, 레인지
chladnička, f	냉장고
mlieko, n	우유
jogurt, m	요구르트
vaňa, f	욕탕
umývadlo, n	세면대
uterák, m	타월, 수건
mydlo, n	비누

Text 6 Ten muž je vysoký. 이 남자는 큽니다.

Ten muž je vysoký. On je taliansky futbalista. Volá sa Marko. Marko je veselý. Jeho nos je dlhý. To je jeho priateľka. Je veľmi pekná. Volá sa Vera. Marko a Vera sú v reštaurácii. To je ich obľúbená reštaurácia. V reštaurácii je fontána. Voda vo fontáne príjemne šumí. Fontána je krásna.

Pri reštaurácii je moderná a veľká cukráreň. Teraz je už takmer noc, cukráreň je zatvorená. Dnes je teplá letná noc.

Marko a Vera idú preč z reštaurácie. Potom sedia v aute. Okno na aute je otvorené, pretože je horúca noc. Marko šoféruje auto. Ide na námestie. Námestie je staré a veľké. Na námestí je múzeum, ale teraz je zatvorené.

Marko šoféruje ďalej. Tu už je more. More je pokojné. Pláž je tichá a prázdna.

◈ Slovník 단어장

Taliansky	이탈리아의
futbalista, m	축구선수
veselý	유쾌한, 즐거운
nos, m	코
dlhý	긴
fontána, f	분수
príjemne, adv.	안락하게, 즐겁게
šumieť	졸졸 소리나다
šumí	속삭이다
cukráreň, f	빵집
teraz	지금
takmer	거의
zatvorený	닫힌
teplý	따뜻한
letný	여름의
preč	멀리, 떨어져, 없어져
z reštaurácie	식당으로부터
pretože	왜냐하면
horúci	뜨거운
šoférovať	운전하다
námestie, n	광장
múzeum, n	박물관
ďalej	더 멀리

more, n	바다
pokojný	편안한, 조용한
pláž, f	해변
tichý	조용한
prázdny	텅 빈

문법

Aký je ten *muž*? Je *vysok**ý***.
Aký je ten *futbalista*? Je to *giansk**y*** futbalista.
Aký je *Marko*? Marko je *vesel**ý***.
Aký je jeho *nos*? Jeho nos je *dlh**ý***.

muž, futbalista, Marko, nos – maskulína 남성명사

Aká je jeho *priateľka*? Je *pekn**á***.
Aká je to *reštaurácia*? To je ich *obľúben**á*** reštaurácia.
Aká je cukráreň? Je modern**á** a veľk**á**.
Aká je *noc*? Je *tepl**á**, letn**á*** noc.

priateľka, reštaurácia, cukráreň, noc – feminína 여성명사

Aké je *okno*? Okno na aute je otvoren**é**.

Aké je *námestie*? Námestie je star**é** a veľk**é**.

Aké je *múzeum*? Múzeum je zatvoren**é**.

Aké je *more*? More je pokojn**é**.

okno, námestie, múzeum, more – neutrá 중성명사

Text 7 Náš dom 우리의 집(건물)

Náš dom nie je veľmi veľký, ale je celkom nový. Je tam moderná kuchyňa, veľká kúpeľňa, malá kúpeľňa, obývačka, spálňa, pracovňa, jedáleň a detská izba. Detská izba je moja izba. Je veľmi útulná, ale nie je takmer nikdy uprataná. Moji rodičia sa preto hnevajú. Ich spálňa je vždy uprataná.

Otec často varí. Môj otec je dobrý kuchár. Aj mama varí, ale iba niekedy. Mama v sobotu upratuje. Jej kúpeľňa je stále čistá.

Otec každý večer pracuje na počítači. Pracovňa je jeho izba. Je tam písací stôl, počítač, stolička, gauč.

Naša obývačka je pekná. Môj kamarát Miro hovorí: „Vaša obývačka je ako z katalógu.“ Ale moja mama sa iba smeje a hovorí: „To je tvoj názor.“

◈ Slovník 단어장

celkom	전부, 모두 합쳐
obývačka, f	거실
spálňa, f	침실
pracovňa, f	집무실, 연구실
jedáleň, f	식당
detská izba, f	어린이 방
útulný	아늑한
nikdy	결코 한 번도 ~없다
upratený	정돈된
rodičia, pl.	부모
hnevať sa	화를 내다
kuchár/kuchárka	요리사(남/여)
niekedy	이따금, 간혹, 때때로
v sobotu	토요일에
upratovať	청소하다
čistý	깨끗한
katalóg, m	카달로그
z katalógu	카달로그로부터
smiať sa	미소짓다
názor, m	시선, 견해

문법

pondelok	v pondelok 월요일에
utorok	v utorok 화요일에
streda	v stredu 수요일에
štvrtok	vo štvrtok 목요일에
piatok	v piatok 금요일에
sobota	v sobotu 토요일에
nedeľa	v nedeľu 일요일에

연습 문제

1. Doplňte privlastňovacie zámeno „môj“ v správnom tvare. 소유 대명사 „môj“를 문법에 맞게 변화형을 써 넣으세요.

1) .... pero
2) .... sveter
3) .... sestra
4) .... bicykel
5) .... škola
6) .... starý otec
7) .... bábätko
8) .... priateľka

2. Doplňte feminínum. 여성형을 써넣으세요.

1) lekár - ....
2) manažér - ....
3) dôchodca - ....
4) predavač - ....
5) inžinier - ....

Lekcia 6 제 6 과

Text 1 Idem do supermarketu a nakupujem. 나는 슈퍼마켓에 가서 물건을 삽니다.

Idem do supermarketu a nakupujem. Potrebujem mäso, ryžu, chlieb, syr, zeleninu, ovocie, mlieko a maslo.

Ráno obyčajne raňajkujeme celá rodina spolu. Jeme chlieb a maslo, džem alebo syr a pijeme kávu alebo čaj. Janko pije mlieko alebo kakao. Niekedy raňajkujeme praženicu.

Ja a môj manžel obedujeme v práci a náš syn a naša dcéra obedujú v škole. Na Slovensku obedujeme polievku a potom druhé jedlo, napríklad mäso a ryžu, cestoviny alebo kurča a zemiaky a šalát. Niekedy jeme aj dezert, napríklad čokoládový koláč alebo zmrzlinu.

Večeriame často doma, niekedy aj v reštaurácii. Ja často varím večeru.

◈ Slovník 단어장

nakupovať	사다
kupovať	사곤하다
potrebovať	필요하다
mäso, n	고기
ryža, f	쌀(밥)

chlieb, m	빵
syr, m	치즈
zelenina, f	채소
ovocie, n	과일
maslo, n	버터
obyčajne	보통, 대개
rodina, f	가족
spolu	함께
džem, m	잼
čaj, m	차
kakao, n	코코아
niekedy	이따금, 간혹, 때때로
praženica, f	짓이긴 달걀요리
polievka, f	수프
jedlo, n	음식
druhé jedlo, n	수프 다음에 먹는 주요리
kurča, n	닭
zemiak, m	감자
šalát, m	샐러드, 전채
dezert, m	디저트, 후식
čokoládový	초콜릿의
koláč, m	꼴라츠, 과일 케이크
zmrzlina, f	아이스크림
variť	요리하다
večera, f	저녁식사
Slovník	단어장

Text 2 Koho čakáš? 누구를 기다리니?

- Koho čakáš?
- Čakám Romana Poláka. Poznáš ho?
- Nepoznám Romana Poláka.
- Poznáš Lindu Polákovú?
- Áno. Poznám ju.
- To je jeho žena.

◈ Slovník 단어장

čakať (na)	기다리다
poznať	알다

문법

명사의 대격(4 격)

Koho čakáš?	kamaráta Romana Poláka. (kamarát Roman Polák)
Koho čakáš?	kolegu Martina Horu. (kolega Martin Hora)
Čo potrebuješ?	chlieb. (chlieb)
Koho čakáš?	kamarátku Lindu Polákovú. (kamarátka Linda Poláková)
Čo varíš?	polievku. (polievka)

Čo kupuješ? Kupujem auto. (auto)

Nominatív a akuzatív neživotných maskulín a neutier majú rovnaké tvary.

무생물 남성명사와 중성명사는 주격과 대격의 어미가 같다.

Koncové „–*a*“ feminín a životných maskulín (napr. kamarátka [feminínum], kolega [životné maskulínum]) sa v akuzatíve mení na „-*u*“.

여성명사 „a“로 끝나는 단어와 남성명사 „a“로 끝나는 단어의 대격은 “u“이다.

Koncový konsonant životných maskulín priberá v akuzatíve koncové „-*a*“.

생물 남성명사의 대격의 어미는 „a“이다.

인칭대명사의 주격과 대격

on – to je on (Roman) 그는 그(로만)이다– vidím ho (Romana) 나는 그(로만)을 본다

ona – to je ona (Linda) 그 여자는 그녀(린다)이다– vidím ju (Lindu) 나는 그녀(린다)를 본다

Text 3 Chcem zmrzlinu. 나는 아이스크림을 원합니다.

- Chcem zmrzlinu.
- Akú? Čokoládov**ú** alebo vanilkov**ú**?
- Chcem vanilkov**ú** zmrzlinu.

- Chcem čaj.
- Aký? Čierny alebo zelený?
- Chcem zelený čaj.

- Chcem mlieko.
- Aké? Studené alebo teplé?
- Chcem studené mlieko.

- Poznám prezidenta.
- Akého? Slovensk**ého** alebo česk**ého**?
- Poznám slovensk**ého** prezidenta.

◈ **Slovník** 단어장

chcieť	원하다
vanilkový	바닐라의
studený	차가운
prezident, m	대통령
slovenský	슬로바키아의
český	체코의

! 문법

Adjektíva v akuzatíve: 형용사 대격

to je čokoládová zmrzlina – chcem čokoládov**ú** zmrzlinu

그것은 초콜릿 아이스크림이다-나는 초콜릿 아이스크림을 원한다

to je zelený čaj – chcem zelen**ý** čaj

그것은 녹차다 - 나는 녹차를 원한다

to je teplé mlieko – chcem tepl**é** mlieko

그것은 따뜻한 우유다 - 나는 따뜻한 우유를 원한다.

to je český prezident – poznám česk**ého** prezidenta

그는 체코 대통령이다 - 나는 체코 대통령을 안다

Text 4 Poznáš moju mamu? 내 어머니를 아니?

Poznáš moju mamu? Volá sa Marta. A poznáš môjho otca? Volá sa Marián. Teraz som na parkovisku a čakám na neho. Otec nakupuje v supermarkete. Potom ideme do školy, kde pracuje moja mama. Tam čakáme na ňu. Potom ideme domov a mama kontroluje, čo kúpil otec. Kúpil kečup, horčicu, žemle, mleté mäso, uhorky, syr, paradajky, cibuľu a majonézu. Dnes večer grilujeme hamburgery.

◈ Slovník 단어장

na neho	그를 위하여
na ňu	그녀를 위하여
kontrolovať	조종하다
kúpiť	사다
kečup, m	케첩
horčica, f	머스타드, 겨자
žemľa, f	롤빵
mletý	간, 다진, 빻은
uhorka, f	오이
paradajka, f	토마토
cibuľa, f	양파
majonéza, f	마요네즈
dnes, adv.	오늘
grilovať	석쇠로 굽다

문법

인칭대명사와 소유대명사의 대격

인칭대명사 앞에 전치사가 오면 인칭대명사의 j 가 n 또는 ň 으로 변화되는 것에 주의하자.

on – vidím **ho** – čakám na **neho** 그 - 나는 그를 본다 - 나는 그를 기다린다.
ona – vidím **ju** – čakám na **ňu** 그녀 - 나는 그녀를 본다 - 나는 그녀를 기다린다

moja mama – moj**u** mam**u** 나의 엄마 - 나의 엄마를(대격)
môj otec – môj**ho** otc**a** 나의 아버지 - 나의 아버지를(대격)

Text 5 Pozri sa, ukážem ti jednu fotografiu.
잘 보아라, 네게 사진 한 장을 보여줄 거야.

Pozri sa, ukážem ti jednu fotografiu. Vidíš toho muža? To je môj brat Miro. A vidíš tú ženu? To je jeho priateľka Zuzana. A vidíš ten dom? To je ich dom. A vidíš to auto? To je ich auto. Miro a Zuzana žijú v Banskej Bystrici. Miro pracuje v hoteli a Zuzana vo firme.

Miro a Zuzana majú jednu dcéru a jedného syna. Dcéra sa volá Nina a syn sa volá Gabriel. Majú jeden dom. Majú iba jedno auto. Majú aj jedného psa a jedného papagája. Papagáj rozpráva.

◈ Slovník 단어장

pozrieť sa	보다
ukázať, ukážem	보여주다, 나는 보여준다
fotografia, f	사진
vidieť	보다
Banská Bystrica, f	반스까 비스뜨리짜
hotel, m	호텔
pes, m	개
papagáj, m	마코 앵무새(라틴아메리카산)
rozprávať	재잘거리다

문법

대명사의 대격

ten muž – t**oho** muž**a**

ten tom – ten dom

tá žena- t**ú** žen**u**

to auto – to auto

수사의 대격

jeden syn – jed**ného** syn**a**

jeden dom – jeden dom

jedna dcéra – jedn**u** dcéru

jedno auto – jedno auto

jeden pes/papagáj – jedného psa/papagája (Zvieratá mužského rodu sa v singulári skloňujú ako životné maskulína.)
한 마리의 개/앵무새-한 마리의 개를/앵무새를(동물남성명사 단수형은 생물남성명사처럼 변화한다.)

Text 6 To je moja fotografia zo školy.
이것은 내 학교 (시절의) 사진이야.

- To je moja fotografia zo školy. Vidíš ma?
- Nevidím ťa, kde si?
- Tu som. Tretí rad sprava.
- To si ty?
- Áno, to som ja. A vidíš Janu a Martina?
- Áno, vidím ich, tu sú. Martin má červenú košeľu.
- To je Anna, vidíš ju?
- Áno, vidím ju.
- A to je Pavol. Vidíš ho?
- Nie, nevidím ho. Kde je?
- Tu, vpredu.
- Teraz ho vidím.
- To som ja a moja kamarátka Mária. Vidíš nás?
- Vidím vás. To je naozaj veľmi pekná fotografia.

◈ **Slovník** 단어장

tu	여기
tretí	세 번째
rad, m	열, 줄
sprava	오른쪽으로부터
košeľa, f	셔츠
veľmi	대단히, 매우

문법

인칭대명사의 대격

단수:

ja – mňa – ma

ty - teba – ťa

on – jeho –ho

ona -ju

복수:

my – nás

vy – vás

oni/ony – ich

Text 7 Dnes nakupujem vianočné darčeky.
오늘 나는 성탄절 선물을 살거야.

Dnes nakupujem vianočné darčeky. Kupujem knihu pre mamu, sveter, pre brata a čokoládu pre starého otca.

Potom idem na kávu. Najprv čakám na Máriu. Ideme spolu do kaviarne. Ja pijem kávu a Mária čaj. Jeme ovocnú tortu. Ja milujem ovocnú tortu.

Potom idem domov cez park a rieku. Bývam za riekou.

◈ Slovník 단어장

Nakupujem.	나는 산다
vianočný	크리스마스의
darček, m	선물
pre	~위해
sveter, m	스웨터
čokoláda, f	초콜렛
na –on, at; for (to go for coffee, to wait for Maria)	
	위하여
ovocný	과일의
torta, f	케이크
milovať	사랑하다
rieka, f	강, 시내
bývať	살다, 거주하다
za, prep.	~뒤에

! 문법

복수 대격

Prepozície s akuzatívom: *pre, cez*. Verbá s prepozíciami: *čakať na, pozerať na*. Prepozícia *na* sa používa aj v spojeniach ako: *fľaša na pivo, šálka na kávu* a pod.

4 격을 요구하는 전치사: *pre, cez*. 전치사와 함께 쓰이는 동사: *na, pozerať na*. 전치사 *na* 는 다음과 같이 명사와 연결되기도 한다: *fľaša na pivo, šálka na kávu* 등

Text 8 Vidíš moje dobré kamarátky Ivanu a Mariannu? 내 좋은 친구들인 이바나와 마리아나가 보이니?

Vidíš moje dobré kamarátky Ivanu a Mariannu? Sú tam, v autobuse. A vidíš mojich bratov? Mám vysokých bratov. Volajú sa Janko a Pavol a hrajú basketbal.

A vidíš tie športové autá? To sú naše autá. Máme tri autá. Máme aj dva malé byty.

◈ Slovník 단어장

basketbal, m	농구
športový	운동의

문법

대명사, 형용사, 명사의 대격

tie moje dve dobré kamarátky – vidíš tie moje dve dobré kamarátky

tí moji dvaja vysokí bratia – vidíš **tých** moj**ich** dv**och** vysok**ých** brat**ov**

tie naše dva malé byty – máme tie naše dva malé byty

tie naše tri športové autá – máme tie naše dve športové autá

연습 문제

1. Odpovedzte na otázky. 질문에 답하세요.

1) Čo potrebujem v supermarkete?

2) Čo raňajkujeme?

3) Čo obedujeme na Slovensku?

Zámok v Smoleniciach je kongresovým centrom Slovenskej akadémie vied

Lekcia 7

제 7 과

Text 1 To je naše hlavné mesto.
이것은 우리의 수도입니다.

To je naše hlavné mesto. Volá sa Bratislava. Je to historické mesto. Ten kostol sa volá Dóm svätého Martina. Má okolo sedemsto rokov. Je pri Dunaji. Dunaj je rieka v Bratislave. Na Dunaji je päť mostov: Starý most, Nový most, Most Lafranconi, Prístavný most a Apollo. Apollo je moderný most. Meria osemstotridsaťpäť metrov.

Bratislavský hrad je z roku 1427. Je tiež veľmi starý. Na hrade je historické múzeum.

V Bratislave žije asi päťstotisíc obyvateľov. Bratislava je malá ale krásna.

◈ Slovník 단어장

hlavný	주요한, 주된
historický	역사적인, 역사상의
kostol, m	교회
okolo	가까이, 주위에
sedemsto (700)	칠백
rok, m	연, 해, 일 년
Dunaj, m	다뉴브강, 도나우강
most, m	다리, 교량
osemstotridsaťpäť (835)	팔백삼십오
meter, m	미터
hrad, m	성, 요새
múzeum, n	박물관, 미술관
žiť	살다, 거주하다
asi	대략, 약
päťstotisíc (500 000)	오십만
obyvateľ, m	거주자, 주민

문법

수사 용법

100 – sto

200 – dvesto

300 – tristo

400 – štyristo

500 – päťsto

600 – šesťsto

700 – sedemsto

800 – osemsto

900 – deväťsto

1 000 – tisíc

2 000 – dvetisíc

3 000 – tritisíc

4 000 – štyritisíc

5 000 – päťtisíc

6 000 – šesťtisíc

7 000 – sedemtisíc

8 000 – osemtisíc

9 000 – deväťtisíc

1 000 000 – milión

142 – stoštyridsať dva

750 – sedemstopäťdesiat

1 389 – tisíctristoosemdesiatdeväť

4 020 – štyritisícdvadsať

67 895 – šesťdesiatsedemtisícosemstodeväťdesiatpäť

370 000 – tristosedemdesiattisíc

Text 2 Volám sa Peter a to sú moje deti. 저는 페테르라고 하고 이들은 저의 아이들입니다.

Volám sa Peter a to sú moje deti. To je môj prvý syn Martin. Je právnik. To je môj druhý syn Miloš. Pracuje ako technik.

To je moja prvá dcéra Iveta. Je kaderníčka. To je moja druhá dcára Marianna. Je architektka. To je moja tretia dcéra Elena. Elena je herečka.

◈ Slovník 단어장

deti, pl.	아이의 복수형, 아이들
prvý/prvá/prvé	제 1 의, 첫째의
druhý/druhá/druhé	제 2 의, 둘째의
ako (pracovať ako)	마찬가지로, ~와 같은
technik, m	기사, 기술자
kaderníčka, f	여자 미용사
architekt/architektka	건축가
tretí/tretia/tretie	제 3 의, 세 번째의
herečka, f	여배우

문법

순서수사

1. – prvý
2. – druhý
3. – tretí
4. – štvrtý
5. – piaty
6. – šiesty
7. – siedmy
8. – ôsmy
9. – deviaty
10. – desiaty
11. – jedenásty
12. – dvanásty
13. – trinásty

100. – stý
1 000. – tisíci
1 000 000. – miliónty

23. – dvadsiaty tretí
48. – štyridsiaty ôsmy
212. – dvestodvanásty

순서수사의 성

prvý – prvá – prvé
druhý – druhá – druhé
tretí – tretia – tretie

dvanásty – dvanásta – dvanáste

Text 3 To sú moji dobrí kamaráti Štefan a Ivan.
이들은 제 친구 슈테판과 이반입니다.

To sú moji dobrí kamaráti Štefan a Ivan. Oni sú študenti na Technickej univerzite ako ja. Spolu často študujeme na internáte. Kreslíme plány. Rysujeme domy a budovy. Na stole v izbe sú papiere, ceruzky, perá a pravítka. Niekedy rysujeme celé mestá. Ulice, obchody, byty, kaviarne. Keď rysujeme veľké plány, pracujeme niekedy dve alebo tri noci.

◈ Slovník 단어장

Technická univerzita, f	기술대학교
ako	마찬가지로, ~와 같은
internát, m	기숙사
kresliť	설계하다, 그리다
plán, m	계획, 설계
rysovať	재다(자를 이용하여)
budova, f	건물, 건축물
papier, m	종이, 증서
ceruzka, f	연필
pravítko, n	자
ulica, f	길
obchod, m	상점
keď	~할 때

Text 4 To je Bratislava, moje mesto. 이것은 브라티슬라바이고 우리들(저의)의 도시입니다.

To je Bratislava, moje mesto. V Bratislave sú moderné byty, nové supermarkety, moderné shopping cenrá, pekné školy, dobré univerzity, drahé reštaurácie, útulné kaviarne, dlhé ulice, zelené parky, zaujímavé múzeá, dôležité firmy, krásne hotely.

V lete sú v Bratislave rôzni zahraniční turisti a zahraničné turistky, napríklad z Ameriky alebo z Nemecka.

◈ Slovník 단어장

shopping centrum, n	쇼핑센터
dôležitý	중요한
rôzny	다른
zahraničný	외국의
turista/turistka	관광객(남/여)
napríklad	예를 들어
Amerika, f	아메리카
Nemecko, n	독일

문법

대명사, 형용사, 명사의 복수 형

To je ten vysoký muž. – To sú **tí** vysok**í** muž**i**.

To je ten pekný brat. – To sú **tí** pekn**í** brat**ia**.

To je ten nový dom. – To sú **tie** nov**é** dom**y**.

To je ten moderný počítač. – To sú **tie** modern**é** počítač**e**.

To je tá krásna žena. – To sú **tie** krásn**e** žen**y**.

To je tá dlhá ulica. – To sú **tie** dlh**é** ulic**e**.

To je tá drahá kaviareň. – To sú **tie** drah**é** kaviarn**e**.

To je tá krásna noc. – To sú **tie** krásn**e** noc**i**.

To je to rýchle auto. – To sú **tie** rýchl**e** aut**á**.

To je to modré more. – To sú **tie** modr**é** mor**ia**.

Text 5 Moja veľká a šťastná rodina 나의 행복한 대가족

Dobrý deň. Volám sa Igor Vysoký. Toto je moja manželka a toto sú moje dve dcéry. Toto sú moje tri vnučky a toto sú moje štyri sestry.

Toto je môj otec, moji dvaja bratia a moji traja synovia. Sme veľká a šťastná rodina.

Toto je môj dom. Pred domom stoja moje dva stromy, tri kríky a štyri kvetináče.

Toto sú moje dve autá.

Býva m v Galante. Často chodím do kina alebo do divadla. V Galante sú dve divadlá a tri kiná.

◈ Slovník 단어장

vnučka, f	손녀
šťastný	행운의, 행복한
pred, prep.	~앞에
stáť/stoja	서다
krík, m	소리지름, 외침
kvetináč, m	화분
Galanta, f	갈란타(도시)

문법

소유대명사, 수사, 명사의 복수형

To je môj kamarát. – To sú **moji dvaja/traja/štyria** kamaráti.

To je môj brat. – To sú **moji dvaja/traja/štyria** bratia.

To je môj dom. – To sú **moje dva/tri/štyri** domy.

To je môj počítač. – To sú **moje dva/tri/štyri** počítače.

To je moja sestra. – To sú **moje dve/tri/štyri** sestry.

To je moja kolegyňa. – To sú **moje dve/tri/štyri** kolegyne.

To je moja kaviareň. – To sú **moje dve/tri/štyri** kaviarne.

To je moja noc. – To sú **moje dve/tri/štyri noci**.

To je moje auto. – To sú **moje dve/tri/štyri** autá.

To je moje more. – To sú **moje dve/tri/štyri** moria.

연습 문제

1. Čítajte. 읽어보세요.

153, 527, 1 876, 2 007, 1 900 000, 468 598

Dóm sv. Martina v Bratislave

제 8 과

Text 1 Dnes nakupujem oblečenie. 오늘 나는 옷을 삽니다.

Dnes nakupujem oblečenie. Čo kupujem? Potrebujem novú košeľu, nový sveter, čiapku, šál, rukavice. Potrebujem tiež nové džínsy a tašku. Nakoniec ešte chcem nový kufor, pretože cestujem na dovolenku do Francúzska.

Ktorú košeľu chcem? Zelená košeľa stojí 260 korún, modrá stojí 320 korún. Zelená košeľa je lacnejšia, modrá je drahšia. Ale modrá košeľa je krajšia.

Biely sveter je krajší ako čierny. Ale čierny je praktickejší. Červená čiapka je teplejšia ako sivá, ale nechcem ju, pretože je škaredšia ako sivá. Žltá čiapka je najteplejšia, ale je aj najškaredšia.

Potrebujem čierne džínsy, ale modré džínsy sú modernejšie. Neviem, ktoré chcem.

◈ Slovník 단어장

oblečenie, n	의복
čiapka, f	모자
šál, m	스카프
rukavice, pl.	장갑
džínsy, pl.	진
taška, f	가방
nakoniec	끝
kufor, m	여행가방
dovolenka, f	공휴일
Koľko to stojí?	그것은 얼마입니까?
to stojí 50 korún	그것은 50 코루나입니다.
koruna, f	왕관, 슬로바키아 화폐단위(코루나)
praktický	실질적인

문법

형용사의 비교급과 최상급

sufix „-ší"/ „-šia"/"-šie"

drahý – drah**ší** – najdrah**ší**
drahá – drah**šia** – najdrah**šia**
drahé – drah**šie** – najdrah**šie**

drahé – drah**šie** – najdrah**šie**
drahí – drah**ší** – najdrah**ší**

(sem patria: starý, nový, mladý, dlhý, krátky, pomalý, ľahký a iné)

sufix „-ejší"/ „-ejšia"/"-ejšie"

lacný – lacn**ejší** – najlacn**ejší**
lacná – lacn**ejšia** – najlacn**ejšia**
lacné – lacn**ejšie** – najlacn**ejšie**

lacní – lacn**ejší** – najlacn**ejší**
lacné – lacn**ejšie** – najlacn**ejšie**

(sem patria: teplý, moderný, rýchly, pohodlnejší, zaujímavý, dôležitý a iné)

Iregulárne 불규칙 형용사의 비교급과 최상급 변화형

pekný – **krajší** – **najkrajší**

pekná – **krajšia** – **najkrajšia**

pekné – **krajšie** – **najkrajšie**

pekní – **krajší** – **najkrajší**

pekné – **krajšie** – **najkrajšie**

ďalšie iregulárne adjektíva:

krásny – krajší - najkrajší

malý – menší – najmenší

veľký – väčší – najväčší

dobrý – lepší – najlepší

zlý – horší – najhorší

a iné

Text 2 Iveta je slovenská asistentka.
이베트카는 슬로바키아 조교입니다.

To je Iveta. Je zo Slovenska. Pracuje ako asistentka. Iveta je slovenská asistentka.

To je Alain. Je z Francúzska. Pracuje ako lekár. Alain je francúzsky lekár.

To je Mark. Je z Ameriky. Pracuje ako manažér. Mark je americký manažér.

To je Martin. Je z Austrálie. Pracuje ako špecialista na solárnu energiu. Martin je austrálsky špecialista na solárnu energiu.

To je Peng. Peng je z Číny. Pracuje v realitnej kancelárii. Peng je čínsky realitný maklér.

To je Sayaka. Je z Japonska. Pracuje ako prekladateľka. Sayaka je japonská prekladateľka.

To je Ahmed. Je z Libanonu. Pracuje ako informatik. Ahmed je libanonský informatik.

To je Dži Hun. Je z Kórey. Pracuje ako architekt. Dži Hun je kórejský architekt.

◈ Slovník 단어장

asistentka, f	여자 조교
Francúzsko, n	프랑스
Austrália, f	오스트레일리아
špecialista, m	전문가, 전문의
solárna energia, f	태양에너지
Čína, f	중국
realitná kancelária, f	부동산 사무실
realitný maklér, m	부동산 업자
Japonsko, n	일본
prekladateľka, f	번역가(여자)
Libanon, m	레바논
Kórea, f	한국

! 문법

국가명과 그 형용사형

Slovensko – slovenský/slovenská/slovenské
Francúzsko – francúzsky
Amerika – americký
Austrália – austrálsky
Čína – čínsky
Japonsko – japonský
Libanon – libanonský
Kórea - kórejský

Text 3 Slovensko je malá ale krásna krajina.
슬로바키아는 작지만 아름다운 나라입니다.

Slovensko je malá ale krásna krajina. Sú tam hory, rieky a pekné mestá. Najdlhšia slovenská rieka je rieka Váh. Najväčšie mesto je Bratislava. Je to hlavné mesto. Druhé najväčšie mesto sa volá Košice, ale Košice sú menšie ako Bratislava. Najvyššie pohorie sa volá Vysoké Tatry a najvyšší vrch je Gerlach.

Slovensko má mierne podnebie. Leto je teplé, zima je studená a padá sneh. Najkrajšia je jar. Aj jeseň je pekná a veľmi farebná. Je Kórea väčšia ako Slovensko? Áno. Slovensko je menšie ako Kórea.

◈ Slovník 단어장

krajina, f	지방, 지역, 풍경
hora, f	산
hory, pl.	산(복수)
Váh, m	바흐(강 이름)
Košice, pl.	코시쩨(지명)
pohorie, n	산맥
Vysoké Tatry, pl.	비소키 타트리(산맥) (슬로바키아에 있는 산)
vrch, m	꼭대기, 산정
Gerlach, m	겔라흐(슬로바키아에서 가장 높은 산)
mierne	알맞게, 적당하게
podnebie, n	기후
leto, n	여름
zima, f	겨울
padať	떨어지다
sneh, m	눈
jar, f	봄
jeseň, f	가을

연습 문제

1. Doplňte. 빈자리를 채우세요.

1) nový –

2) pomalý –

3) rýchly –

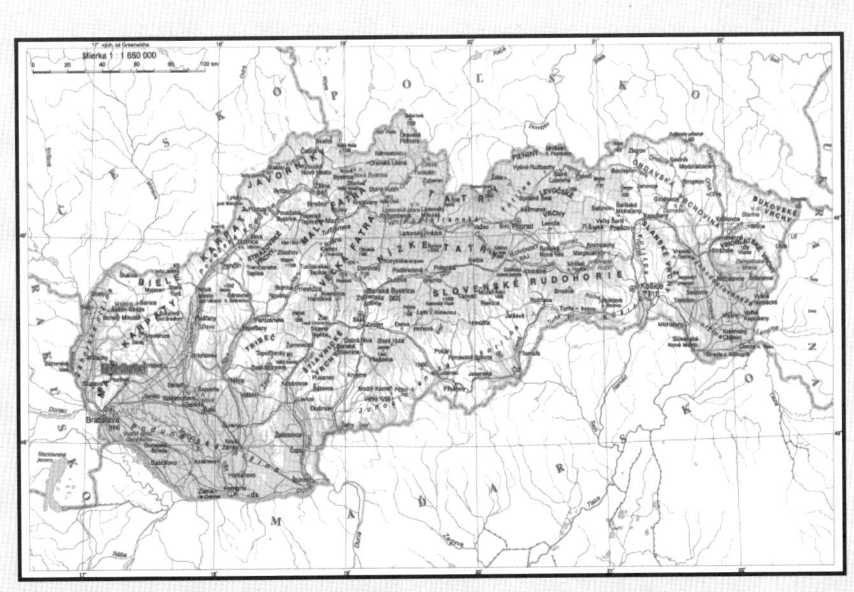

Slovensko leží v strednej Európe. Hlavným mestom je Bratislava. Slovenská republika susedí s Poľskom, Ukrajinou, Maďarskom, Rakúskom a Českou republikou.

제
8
과

Lekcia 9 제 9 과

Text 1 Dnes som doma. 나는 오늘 집에 있습니다.

Dnes **som** doma. **Čítam** knihu. Včera **som bol** v škole a **čítal som** knihu.

Ivana **je** dnes tiež doma a **číta** knihu. Včera **bola** v parku a **čítala** knihu.

Martin **je** dnes na univerzite a **číta** knihu. Včera **bol** vo vlaku a **čítal** knihu.

A ty? Čo **robíš** dnes? **Čítaš** knihu? Kde **si**? **Si** doma? Čo **si robil** včera? **Čítal si** noviny? Kde **si bol**? **Bol si** v autobuse?

문법

동사의 과거형

동사의 과거형은 včera 같은 과거를 의미하는 시간부사와 함께 쓴다.

bol/bola som doma (ja som bol/bola doma)
bol/bola si doma (ty si bol/bola doma)
bol/bola doma (on bol/ona bola doma)

čítal/čítala som knihu (ja som čítal/čítala knihu)
čítal/čítala si knihu (ty si čítal/čítala knihu)
čítal/čítala knihu (on čítal/ona čítala knihu)

동사의 현재형은 dnes (오늘)와 같은 시간 부사와 함께 사용한다.

som doma (ja som doma)
si doma (ty si doma)
je doma (on/ ona je doma)

čítam knihu (ja čítam knihu)
čítaš knihu (ty čítaš knihu)
číta knihu (on/ona číta knihu)

Text 2 Čo si robila včera, Elena? 엘레나, 넌 어제 무엇을 했니?

Mária: „Čo **si robila včera**, Elena?“

Elena: „Ráno **som sa sprchovala** a **raňajkovala som**. Potom **som išla** do školy. V škole **som študovala**. **Čítala som** a **písala som**. V škole **som** aj **obedovala**. Potom **som išla** do kina. **Pozerala som** film. Večer **som bola** v reštaurácii a **večerala som**. Potom **som išla** domov a **pracovala som** na počítači. **Umyla som sa** a **pozerala som** televíziu. V noci **som spala**.

문법

verbum „ísť" „이다" 동사

išiel/išla som (ja som išiel/išla)
išiel/išla si (ty si išiel/išla)
išiel/išla (on išiel/ona išla)

verbá v texte:

sprchujem sa – sprchovala som sa (sprchovať sa)
raňajkujem – raňajkovala som (raňajkovať)
idem – išla som (ísť)
študujem – študovala som (študovať)
čítam – čítala som (čítať)
píšem – písala som (písať)
obedujem – obedovala som (obedovať)
pozerám – pozerala som (pozerať)
som – bola som (byť)
večeriam – večerala som (večerať)
pracujem – pracovala som (pracovať)
umývam sa – umývala/umyla som sa (umývať sa/umyť sa)
spím – spala som (spať)

Text 3 Michal a ja sme včera išli do parku a bicyklovali sme sa. 미할과 나는 어제 공원에 가서 자전거를 탔습니다.

- Michal a ja **sme** včera **išli** do parku a **bicyklovali sme sa**. **Boli** tam aj Eva a Lucia. Ony **sedeli** na lavičke a **čítali.** Kde **ste boli** vy?
- My **sme boli** v kine.
- Aký film **ste pozerali**?
- **Bol** to kreslený film. Potom **sme boli** unavení a **išli sme** domov.

◈ Slovník 단어장

bicyklovať sa	자전거를 타다
lavička, f	벤치
kreslený film, m	만화 영화
unavený	지친

문법

복수 일 인칭과 이 인칭 동사의 과거형은 조동사 sme 와 ste 와 함께 쓴다.

boli sme (my sme boli)
boli ste (vy ste boli)
boli (oni/ony boli)

čítali sme (my sme čítali)
čítali ste (vy ste čítali)
čítali (oni/ony čítali)

verbum „ísť" 동사 „이다" 의 복수형

išli sme (my sme išli)
išli ste (vy ste išli)
išli (oni/ony išli)

Text 4 Čo robila Elena včera? 엘레나는 어제 무엇을 했습니까?

Elena **sa sprchovala** a **raňajkovala**. Potom **išla** do školy. V škole **študovala**. **Čítala** a **písala**. V škole aj **obedovala**. Potom **išla** do kina. **Pozerala** film. Večer **bola** v reštaurácii a **večerala**. Potom **išla** domov a **pracovala** na počítači. **Umyla sa** a **pozerala** televíziu. V noci **spala**.

문법

동사의 과거형

sprchuje sa – sprchovala sa (sprchovať sa)

raňajkuje – raňajkovala (raňajkovať)

ide – išla (ísť)

študuje – študovala (študovať)

číta – čítala (čítať)

píše – písala (písať)

obeduje – obedovala (obedovať)

pozerá – pozerala (pozerať)

je – bola (byť)

večeria – večerala (večerať)

pracuje – pracovala (pracovať)

umýva sa – umývala/umyla sa (umývať/umyť sa)

spí – spala (spať)

Text 5 Roman v piatok nebol v práci, pretože mal dovolenku. 로만은 금요일에 직장에 가지 않았다, 왜냐하면 그는 휴가를 냈기 때문이다.

Roman v piatok **nebol** v práci, pretože **mal** dovolenku. **Vstával** neskoro a **neraňajkoval**. **Hral** tenis a potom **išiel** do reštaurácie. Tam **jedol** polievku a mäso. Potom **pozeral** film v kine. Nakoniec **nakupoval** potraviny. Večer **varil** večeru. Jeho manželka Linda **nevarila**, ale **kúpila** víno a spolu potom **jedli** večeru, **pili** víno a **rozprávali sa**. V sobotu **hrali** tenis spolu a spolu **išli** do reštaurácie. Tam **jedli** pizzu. Večer **išli** na diskotéku a **tancovali**.

◈ Slovník 단어장

pretože	왜냐하면
mať	갖다
neskoro/skoro	늦은/거의
tenis, m	테니스
potraviny, pl.	식료품
víno, n	포도주
jesť	먹다
piť	마시다
tancovať	춤추다

문법

verbum „jesť" : 먹다" 동사의 변화형

dnes: 현재형

jem večeru

ješ večeru

je večeru

jeme večeru

jete večeru

jedia večeru

včera 과거형

jedol/jedla som večeru

jedol/jedla si večeru

jedol/jedla večeru

jedli sme večeru

jedli ste večeru

jedli večeru

negatívum v minulom čase 과거형의 부정은 과거형 앞에 ne-를 붙인다.

verbum „byť“ „ 있다“ 동사

nebol/ nebola som v práci

nebol/ nebola si v práci

nebol/ nebola v práci

neboli sme v práci

neboli ste v práci

neboli v práci

verbum „raňajkovať“ 동사 „아침 먹다“의 과거 변화형

neraňajkoval/neraňajkovala som

neraňajkoval/neraňajkovala si

neraňajkoval/neraňajkovala

neraňajkovali sme

neraňajkovali ste

neraňajkovali

연습 문제

1. Odpovedzte na otázky negatívne. 다음 질문에 답하세요.

1) Čítali ste včera?

2) Obedovali ste včera?

3) Hrali ste včera tenis?

4) Sprchovali ste sa včera?

Milan Rastislav Štefánik bol slovenský astronóm, pilot a generál francúzskej armády.

Lekcia 10 제10과

Text 1 V mojej izbe je písací stôl a kancelárska stolička.
제 방에는 책상과 사무실용 램프가 있습니다.

V mojej izbe je písací stôl, kancelárska stolička, malá posteľ, staré kreslo, modrý gauč, dlhá polica a mäkký koberec. Na písacom stole je počítač. Stolička je pri stole. Na kancelárskej stoličke sedím, keď pracujem na počítači. Na malej posteli spím. V starom kresle sedím a čítam knihu. Na modrom gauči je vankúš. Na dlhej polici sú knihy a slovníky. Na mäkkom koberci spí môj pes.

◈ Slovník 단어장

písací stôl, m	책상
kancelárska stolička, f	사무실 책상
polica, f	선반
mäkký	부드러운
pri, prep.	~가까이에, ~인근에
vankúš, m	쿠션

문법

전치사의 용법

Lokál používame s prepozíciami *v, na, pri, o, po.*
전치사 *v, na, pri, o, po* 는 명상의 전치격과 함께 사용한다.

stôl – pri stol**e**
gauč – na gauč**i**
izba – v izb**e**
polica – na polic**i**
posteľ – na postel**i**
kreslo – v kresl**e**

Ak sa substantívum končí nemäkkým konsonantom (stôl, izba, kreslo), zakončenie v lokáli je „-e“.
무성자음으로 끝나는 명사(stôl, izba, kreslo)는 전치격어 미 „-e“를 갖는다.

Ak sa končí mäkkým konsonantom (gauč, polica, posteľ, srdce), zakončenie v lokáli je „-i“.
유성자음으로 끝나는 명사(gauč, polica, posteľ, srdce)는 전치격 어미 „-i“를 갖는다.

Takto sa v lokáli často správajú aj substantíva s koncovým konsonantom „r“ (more – v mori).
중성자음 „r“은 전치격으로 „-i“를 갖는다.

mäkké spoluhlásky(유성자음): ď, ť, ň, ľ, c, dz, s, z, č, dž, š, ž, j.

adjektíva v lokáli: 형용사 전치격

písací stôl – pri písac**om** stole
modrý gauč – na modr**om** gauči

dlhá polica – na dlh**ej** polici
malá posteľ – na mal**ej** posteli

staré kreslo – na star**om** kresle
krásne more – pri krásn**om** mori

Text 2 Marianna a Linda sedia v kaviarni a pijú kávu. 마리안나와 린다는 커피숍에서 커피를 마신다.

Marianna a Linda sedia v kaviarni a pijú kávu. Rozprávajú sa. Hovoria o rodine, o politike, o novom americkom filme. Marianna hovorí o svojom synovi. Linda hovorí o novom kine v shopping centre v Bratislave.

Potom hovoria o letnej dovolenke. Marianna bola v Nemecku. Mesto sa volá Hamburg. V Hamburgu bola v múzeu a potom nakupovala v obchode aj na trhu.

Linda bola v Tokiu v Japonsku. Tam bola v paláci a v reštaurácii.

◈ Slovník 단어장

politika, f	정책, 정치
film, m	영화, 사진필름
letná dovolenka, f	여름 휴가
Hamburg, m	햄버거
trh, m	시장
Tokio, n	도쿄
palác, m	궁전

문법

명사의 전치격

syn – o synovi

Životné maskulína majú v lokáli koncovku „-ovi“ (napríklad *o Petrovi, o kamarátovi, o kolegovi)*.
생물 남성 명사의 전치격은 „-ovi“이다.

par**k** – v park**u**

Hambur**g** – v Hambur**gu**

tr**h** – na trh**u**

vr**ch** – na vrch**u**

Sloven**sko** – na Slovensk**u**

Chica**go** – v Chica**gu**

Tok**io** – v Tok**iu**

múze**um** – v múze**u** (ale centrum – v centre)

Neživotné maskulína a neutrá zakončené spoluhláskami *k, g, h, ch, -um* alebo *–io, -ao, -eo* majú koncovku v lokáli „-u“.
무생물 남성명사의 어미가 k, g, h, ch, -um 또는 –io, -ao, -eo 로 끝나면 어미가 „-u“가 된다.

Text 3 Marianna, bola si v tom novom kine?
마리아나, 그 새 영화관에 가봤니?

- Marianna, bola si v tom novom kine?
- Nie, nebola. Kde je?
- Je v tom novom shopping centre. Je tam aj nový obchod. Bola si v tom novom obchode?
- Nie, nebola. Ale bola som v tej novej reštaurácii.
- Kto tam bol? Ty a Elena?
- Áno. Hovorili sme o tom jej novom šéfovi a o tej jej novej kolegyni.

◈ **Slovník** 단어장

šéf, m	우두머리, 사장, 두목
šéfka, f	여사장

문법

대명사, 형용사와 명사의 전치격

ten nový obchod – v **tom** novom obchode

ten jej nový šéf – o **tom** jej novom šéfovi

tá nová reštaurácia – o **tej** jej novej reštaurácii

tá jej nová kolegyňa – o **tej** jej novej kolegyni

to nové kino – v **tom** novom kine

to nové shopping centrum - v **tom** novom shopping centre

Text 4 Bol raz jeden hrad a ten hrad mal tri veže. 옛날에 한 성이 있었고 그 성에는 세 개의 탑이 있었다.

Bol raz jeden hrad a ten hrad mal tri veže. V jednej veži bývala jedna princezná, v druhej veži druhá princezná a v tretej veži tretia princezná. V každej veži bol koberec a na tom koberci stálo kreslo. Na jednom koberci stálo zlaté kreslo, na druhom koberci stálo strieborné kreslo a na treťom koberci stálo bronzové kreslo. Každá veža mala tri okná. Pri jednom okne stál stôl, pri druhom okne stála stolička a pri treťom okne stála posteľ.

◈ Slovník 단어장

bol raz	옛날옛날에
veža, f	탑
princezná, f	공주
zlatý	금의, 금으로 된
strieborný	은으로 된, 은색의
bronzový	청동의

문법

수사의 전치격

jedna veža – v jedn**ej** veži

jeden koberec – na jedn**om** koberci

jedno okno – pri jedn**om** okne

Text 5 Hovorila som už o mojom kamarátovi Oliverovi a mojej kamarátke Jane?
나는 나의 친구 올리비에르와 나의 여자 친구 야나에 대해 이야기했습니다.

Hovorila som už o mojom kamarátovi Oliverovi a mojej kamarátke Jane? Oni majú nový byt. Oliver píše v e-maili: „Máme nový byt. V našom byte je všetko nové. Na našej novej posteli sú nové vankúše a paplóny. Na mojom novom počítači pracujem ja aj Jana. A do nového bytu ideme v mojom novom aute." To je skvelé. Oliver je veľmi šťastný.

◈ Slovník 단어장

už	이미, 벌써
e-mail, m	이메일
všetko	전체의
paplón, m	이불
skvelé	좋은, 멋진
šťastný	행운의, 행복한

문법

소유대명사의 전치격

môj kamarát – o moj**om** kamarátovi

náš byt – v naš**om** byte

moja kamarátka – o moj**ej** kamarátke

moje auto – v moj**om** aute

지시대명사와 인칭대명사의 전치격

- hovorím o sestre – hovorím o nej

- hovorím o bratovi – hovorím o ňom

- kniha je na stole – kniha je na ňom

- voda je v úmývadle – voda je v ňom

- Mária hovorí o tebe.

- O mne?

- Áno, o tebe.

Text 6 V televízii hovorili o slovenských športovcoch na Olympiáde. Hovorili aj o dvoch modelkách.
텔레비전에서 올림픽 경기에 출전한 슬로바키아 운동선수들에 대해 말했습니다. 두 모델에 대해서도 말했습니다.

- V televízii hovorili o slovenských športovcoch na Olympiáde. Hovorili aj o dvoch modelkách v Paríži a o ich drahých šperkoch. Potom hovorili aj o nových kinách v Bratislave.
- Hovorili aj o nových divadlách?
- Nie, o divadlách nehovorili.
- Hovorili o politikoch?
- Áno, hovorili o nich.

◈ Slovník 단어장

športovec/športovkyňa	운동선수/운동선수(여성)
olympiáda, f	올림픽 경기
modelka, f	모델(여성)
Paríž, m	파리(지명)
šperk, m	귀금속(장신구)
politik/politička	정치인/정치인(여성)

문법

전치격 복수

tie dve krásne modelky – o **tých** dv**och** krásn**ych** modelk**ách**

tí dvaja slovenskí športovci – o **tých** dv**och** slovensk**ých** športovc**och**

tie dva drahé šperky – o **tých** dv**och** drah**ých** šperk**och**

tie dve nové kiná – o **tých** dv**och** nov**ých** kin**ách**

oni/ony – o **nich**

 연습 문제

1. Doplňte krajinu v správnom tvare.
국명의 전치격을 채워넣으세요.

1) Amélia býva vo (Francúzsko).

2) Kate býva v (Amerika).

3) Bruna býva v (Brazília).

Lekcia 11

제 11 과

Text 1 Dnes ráno vstávam o 8:00.
나는 오늘 아침 8시에 일어납니다.

Dnes ráno vstávam o 8:00. Najprv idem do potravín po mlieko. Potom idem do pekárne po chlieb a nakoniec do cukrárne po tortu.

Potom idem do fitness centra a cvičím od 10:30 do 11:30.

Poobede idem do čistiarne po kabát.

Večer idem do podniku na pivo a na koňak alebo do reštaurácie na večeru.

◈ Slovník 단어장

najprv	가장 먼저
pekáreň, f	빵집
fitness centrum, n	헬스클럽
cvičiť	연습하다, 운동하다
od – do -	~부터 ~까지
čistiareň, f	세탁소
kabát, m	코트, 외투
podnik, m	가게, 회사

문법

po + Akuzatív 전치사 po +대격

po tortu
po chlieb
po mlieko

na + Akuzatív 전치사 na +대격

na večeru
na koňak
na pivo

Text 2 Čo jeme? 우리는 무엇을 먹습니까?

Na Slovensku ľudia obyčajne raňajkujú chlieb alebo pečivo, maslo, syr, šunku alebo džem. Mladí ľudia a deti jedia ráno cereálie. Pijú čaj alebo kávu, mlieko alebo kakao.

Na obed jedia najprv polievku, potom hlavné jedlo. To je napríklad mäso alebo ryba a k tomu zemiaky, cestoviny alebo ryža. Jedia aj šalát.

Polievka je napíklad zeleninová, fazuľová alebo šošovicová alebo vývar. Vývar je napríklad hovädzí alebo slepačí.

Slováci často večerajú teplé jedlo ako na obed, alebo jedia iba chlieb so salámou, klobásou alebo syrom. Niekto je aj sladké jedlo, napríklad koláč alebo buchty.

◈ Slovník 단어장

ľudia, pl. (človek, m)	사람들
pečivo, n	빵
deti, pl. (dieťa, n)	아이들
hlavné jedlo, n	주식
ryba, f	생선, 물고기
k tomu	~에 곁들여
zelenina, f	채소
zeleninový, adj.	채소의
fazuľa, f	콩
fazuľový, adj	콩으로 만든
šošovica, f	렌즈콩, 편두
šošovicový, adj.	렌즈콩으로 만든
vývar, m	국물
hovädzí, adj.	소고기로 만든
slepačí, adj.	닭고기로 만든
Slovák, m	슬로바키아 사람(남)
Slovenka, f	슬로바키아 사람(여)
Slováci, pl.	슬로바키아 사람들
iba	오직, 단지
saláma, f	살라미
klobása, f	소시지
buchta, f	둥근 빵

Text 3 Martin stretol svoju bývalú učiteľku zo základnej školy. 마르틴은 초등학교 시절의 선생님을 만났습니다.

Martin stretol svoju bývalú učiteľku zo základnej školy. Toto je ich rozhovor:

- Dobrý deň, pani učiteľka.
- Dobrý deň, Martin.
- Ako sa máte?
- Dobre. A ty? Ako sa máš?
- Aj ja dobre. Teším sa, že vás vidím. Vy ste vždy boli moja obľúbená učiteľka.
- Naozaj? Ďakujem, Martin. Ty čo teraz robíš?
- Študujem na univerzite.
- To je dobre. Veľa šťastia.
- Ďakujem, pani učiteľka.

◈ Slovník 단어장

stretnúť	만나다
svoju	자신의
bývalý	예전, 과거의
základná škola, f	초등학교
toto	이것
rozhovor, m	대화
tešiť sa, nd.	즐겁다, 기대하다
že	~라는 사실이 (접속사)
vždy	언제나
naozaj	정말로
veľa šťastia	행운을 빕니다
šťastie, n	행운, 행복

Text 4 Elegantná žena sedí vľavo pri otvorenom okne. 우아한 여성이 열린 창문 왼쪽에 앉아있습니다.

Elegantná žena sedí vľavo pri otvorenom okne. Včera večerala v malej reštaurácii. Každý deň sa prechádza pri širokej rieke. Čaká na kamarátku. Potom sa prechádzajú spolu.

◈ **Slovník** 단어장

elegantný, adj.	우아한
každý	각각의, 개개의, 모든~, 매~

Text 5 Keď som vyšiel z domu, pršalo. 내가 집에서 나왔을 때, 비가 내렸습니다.

Keď som vyšiel z domu, pršalo. Tak som vošiel do obchodu a kúpil si dáždnik. Potom som prešiel cez ulicu a obišiel som veľkú mláku. Keď som prišiel ku kinu, bolo zatvorené. Tak som išiel naspäť domov. V našom dome bol pokazený výťah. Vyšiel som až na štvrté poschodie peši. Doma som šiel spať. Bol som nahnevaný a unavený.

◈ Slovník 단어장

vyjsť, dok.	(밖으로) 나오다
pršať, nd.	비가 오다
tak	그래서
vojsť, dok.	(안으로) 들어가다
dáždnik, m	우산
prejsť, dok.	가다, 건너가다
cez, prep.	~을 지나
obísť, dok.	비켜가다
mláka, f	흙탕물
prísť, dok.	오다, 도착하다
k/ku, prep.	~쪽으로, ~로(방향)
naspäť, adv.	뒤로
pokazený, adj.	고장난
výťah, m	엘리베이터
až	~까지, ~할 때까지
poschodie, n	층
nahnevaný, adj.	화가 난
unavený, adj.	피곤한

문법

vyjsť = ísť von

vojsť = ísť dnu

prejsť = ísť cez

obísť = ísť okolo

◈ Slovník 단어장

von, adv.	밖으로
dnu, adv.	안으로
okolo, prep.	가까이, 주위에

연습 문제

1. Odpovedajte na otázky. 질문에 답하세요.

1) Kto sedí pri otvorenom okne?
2) Čo robí elegantná žena?
3) Aká žena sedí pri okne?
4) Pri akom okne sedí žena?
5) Kde sedí žena?
6) Čo robila včera?
7) Kde večerala včera?
8) V akej reštaurácii večerala?
9) Čo robí žena každý deň?
10) Pri čom sa prechádza?
11) Pri akej rieke sa prechádza?
12) Na koho čaká?
13) Čo robia spolu?

제 12 과

Text 1 V pondelok som išla na večeru s jedným mojím dobrým kamarátom. 월요일에 나의 좋은 친구 한 명과 함께 저녁식사를 하러 갔습니다.

V pondelok som išla na večeru s jedným mojím dobrým kamarátom. Bola som s ním v talianskej pizzerii. Jedli sme pizzu a pili sme víno. V utorok som išla na pivo s mojou krásnou sestrou. Bola som s ňou v bare. Bol tam aj Peter. Moja sestra a Peter sa dlho rozprávali. V stredu som bola u veterinára s mojím chorým mačiatkom. Bola som tam s ním celé popoludnie. Našťastie, doktor dal mačiatku injekciu a teraz už je v poriadku.

◈ Slovník 단어장

pizzeria, f	피자가게
bar, m	바
rozprávať sa, nd.	이야기 나누다
veterinár, m	수의사
chorý, adj.	아픈, 병든
mačiatko, n	(작은) 고양이
popoludnie, n	오후
našťastie	다행히
injekcia, f	주사
v poriadku	괜찮다

문법

ten jeden môj dobrý kamarát – s **tým** jedn**ým** moj**ím** dobr**ým** kamarát**om**

tá jedna moja krásna sestra – s **tou** jedn**ou** moj**ou** krásn**ou** sestr**ou**

to jedno moje malé mačiatko – s **tým** jedn**ým** moj**ím** mal**ým** mačiatk**om**

V Inštrumentáli majú maskulína a neutrá rovnakú gramatickú koncovku.

7 격에서는 남성과 중성이 문법적으로 동일한 어미를 갖습니다.

Text 2 V podelok som bola na večeri s Ivanom. 나는 월요일에 이반과 함께 저녁식사를 했습니다.

V podelok som bola na večeri s Ivanom. Stretli sme sa pred reštauráciou. Je to trochu drahá reštaurácia, ale jedlo je tam veľmi chutné. V utorok som bola so sestrou v bare. Ten bar je za divadlom. Je to nový a moderný bar. V stredu som bola u veterinára. Má ambulanciu pod hradom. Bála som sa, pretože moje mačiatko bolo choré. Ale veterinár ma potešil. Hovoril, že to nie je nič vážne. Streda bola slnečná. Nad Bratislavou nebol ani jeden oblak. Išli sme domov po novom moste. Bývam v Petržalke a medzi hradom a Petržalkou je rieka Dunaj.

◈ Slovník 단어장

chutný	맛있는
ambulancia, f	구급차
báť sa	두려워하다
potešiť	반갑게 하다
potešiť sa	기뻐하다
vážny	심각한
slnečný	해가 비치는
oblak, m	구름

! 문법

Prepozície s Inštrumentálom 7 격 전치사들

s/so (s Ivanom, so sestrou, so Stanom, s Máriou)
pred (pred reštauráciou, pred naším domom, pred kinom, pred bankou)
za (za divadlom, za školou, za supermarketom)
pod (pod hradom, pod stolom, pod stoličkou, pod umývadlom)
nad (nad Bratislavou, nad gaučom, nad parkoviskom)
medzi (medzi hradom a Petržalkou, medzi gaučom a televízorom leží koberec)

Text 3 Ideš so mnou do kina, Petra? 나와 함께 영화관에 갈래, 뻬뜨라야?

- Ideš so mnou do kina, Petra?
- S tebou vždy, Martin. Ale chcem zmrzlinu.
- Dobre. Tam je kino. Pred ním predávajú zmrzlinu.
- Nie, to nie je dobrá zmrzlina.
- Tak kde majú dobrú?
- Neviem. Ale tam je nejaká cukráreň. Možno v nej predávajú aj zmrzlinu.
- Možno. A možno len zmrzlinové poháre.
- To je jedno. Zmrzlinový pohár tiež môže byť.

◈ **Slovník** 단어장

nejaký	몇몇의, 어떠한
možno	아마
len	만, 오직
zmrzlinový pohár	컵 아이스크림
to je jedno	상관없다
môže byť	괜찮다

문법

so mnou
s tebou
s ním
s ňou

predo mnou
pred tebou
pred ním
pred ňou
(**podo** mnou, **nado** mnou)

Text 4

Čím sa Matej holí? Čím chodí Marianna do práce? Čím jeme polievku? 마테이는 무엇으로 면도를 합니까? 마리아나는 무엇을 타고 일하러 갑니까? 우리는 무엇으로 수프를 먹습니까?

Matej ráno vstáva a potom sa sprchuje. Sprchuje sa mydlom a vodou. Utiera sa uterákom. Potom si čistí zuby zubnou kefkou a zubnou pastou. Holí sa žiletkou. Češe sa hrebeňom a kefou. Oblieka si nohavice, tričko a sveter a obúva si topánky.

Marianna pracuje v kancelárii. Do práce chodí autobusom a električkou. Jej manžel chodí do práce autom, pretože jeho práca je veľmi ďaleko. Niekedy chodí aj vlakom, ale cesta vlakom trvá dlho.

Keď idú Marianna a jej manžel na dovolenku, obyčajne letia lietadlom.

Stejk jeme vidličkou a nožom. Polievku jeme lyžicou.

◈ Slovník 단어장

utierať	닦다
čistiť	씻다, 닦다
zub, m	이빨, 치아
zubná kefka, f	칫솔
zubná pasta, f	치약
holiť	~를 면도하다
holiť sa, nd.	면도하다
žiletka, f	면도기
česať	빗다
hrebeň, m	빗
kefa, f	솔
obliekať	입다
obúvať	신다
kancelária, f	사무실
chodiť	다니다
ďaleko	멀리
cesta trvá dlho	가는 데 오래 걸리다
letieť	날다
lietadlo, n	비행기
stejk, m	스테이크
vidlička, f	포크
nôž, m	칼
lyžica, f	숟가락

문법

utierať – utierať sa – utierať si ruky a tvár

čistiť – čistiť sa – čistiť si zuby

holiť – holiť sa – holiť si bradu

česať – česať sa – česať si vlasy

obliekať – obliekať sa – obliekať si sveter

obúvať – obúvať sa – obúvať si topánky

◈ Slovník 단어장

ruka, f	손, 팔
tvár, f	얼굴
brada, f	턱, 턱수염
vlas, m	머리카락
topánka, f	신발

Text 5 Na Slovensku ľudia jedia polievku lyžicou a druhé jedlo vidličkou a nožom. 슬로바키아에서 사람들은 수저로 수프를 먹고 다른 음식은 포크와 나이프로 먹습니다.

Na Slovensku ľudia jedia polievku lyžicou a druhé jedlo vidličkou a nožom. V Kórei jedia ľudia polievku tiež lyžicou, ale mäso a zeleninu jedia paličkami.

Slováci jedia mäso často so zemiakmi, ale Kórejčania jedia mäso s ryžou.

Ale aj tak sme všetci rovnakí. Pozeráme očami, počúvame ušami. Milujeme srdcom. A Slováci pijú pivo s Kórejčanmi.

◈ **Slovník** 단어장

palička, f	젓가락
rovnaký	똑 같은
oko, n (pl. oči)	눈
ucho, n (pl. uši)	귀
srdce, n	마음, 심장

문법

palička – paličky – paličk**ami**

Kórejčan – Kórejčania – s Kórejčan**mi**

zemiak – zemiaky – so zemiak**mi**

oko – oči – oč**ami**

oni/ony – (s) nimi

연습 문제

1. Odpovedzte na otázky. 질문에 답하세요.

1) S kým idete do kina?

2) S kým idete do školy?

3) S kým idete do supermarketu?

4) S kým idete na dovolenku?

Text 1 Čoskoro budú Vianoce. 곧 크리스마스입니다.

Čoskoro budú Vianoce. Betka dnes kupovala vianočné pohľadnice. Betka žije v Londýne, pretože jej manžel je Angličan, a jej rodina je na Slovensku. Mama, otec, brat, sestra, babka, dedko... Všetci žijú v Žiline. Preto Betka posiela svojej rodine pohľadnice. Bratovi a sestre píše aj e-maily a dedkovi a babke niekedy telefonuje, ale dnes posiela len pohľadnice. Na pohľadnici pre mamu je zasnežená krajina, na pohľadnici pre sestru je nádherný vianočný stromček. Betka je na Vianoce v Londýne s manželom a so svokrou, ale v januári idú obaja na Slovensko.

◈ Slovník 단어장

čoskoro	곧, 머지않아
Vianoce, pl.	성탄절
vianočná pohľadnica, f	크리스마스 카드
Londýn, m	런던
babka, f	할머니
dedko, m	할아버지
posielať	보내다
preto	그래서

zasnežený	눈 덮인
krajina, f	지방, 지역, 풍경
nádherný	멋진
vianočný stromček, m	크리스마스 트리
svokra, f	시어머니, 장모
svokor, m	시아버지, 장인
obaja	둘 다

문법

január – v januári
február – vo februári
marec – v marci
apríl – v apríli
máj – v máji
jún – v júni
júl – v júli
august – v auguste
september – v septembri
október – v októbri
november – v novembri
december – v decembri

Text 2 Martin pomáha Petrovi. 마르틴은 뻬뜨르를 돕습니다.

Martin pomáha Petrovi. Peter ďakuje Martinovi za pomoc.
Lucia dáva Marianne kvety, pretože Marianna má narodeniny.
Verím môjmu doktorovi, je to veľmi skúsený doktor.
Gratulujem profesorovi Michalíkovi. Profesor práve vydal novú knihu.
Sedím v reštaurácii a platím čašníčke. Jedla som tu obed.

◆ Slovník 단어장

pomáhať	돕다
ďakovať	감사하다
pomoc, f	도움
dávať	주다
kvet, m	꽃
narodeniny, pl.	생일
veriť	요리하다
skúsený	경험이 있는, 노숙한, 노련한
gratulovať	축하하다
práve	방금
vydať	출하다
platiť	계산하다
čašník/čašníčka	웨이터(남/여)

문법

brat – brat**ovi**

sestra – sestr**e**

škola – ku škol**e**

nemocnica – k nemocnic**i**

dom – k dom**u**

počítač – k počítač**u**

auto – k aut**u**

Datív používame s verbami ako napríklad *gratulovať, ďakovať, pomáhať, telefonovať, radiť, veriť, platiť, patriť a s prepozíciami k (ku), proti, oproti, naproti, vďaka, napriek.*

3 격은 gratulovať, ďakovať, pomáhať, telefonovať, radiť, veriť, platiť, patriť 등의 동사와 함께 사용하고, k (ku), proti, oproti, naproti, vďaka, napriek 등의 전치사와 사용하기도 한다.

Text 3 Martin je chorý. 마르틴은 아픕니다.

Martin je chorý. Ide k všeobecnému lekárovi. Potom ide k svojej dobrej priateľke Zuzke. Ale Zuzka nie je doma. Telefonuje jej. Zuzka nedvíha mobil. Potom mu posiela sms, že je v kine. Martin teda ide k mestskému kinu. Spolu potom idú k tej novej lekárni a Martin si kúpi lieky. Potom idú k nášmu bytu. Martin ide do postele a Zuzka už ide domov. Dnes večer študuje na skúšku.

◈ Slovník 단어장

všeobecný lekár, m	일반의(의사)
dvíhať	들다, (전화를) 받다
mobil, m	휴대폰
sms (esemes), f	문자메시지
teda	따라서
mestský	시의, 시내의
liek, m	약
byt, m	아파트, 집
skúška, f	시험

문법

všeobecný lekár – k všeobecn**ému** lekárovi
dobrá priateľka – k dobr**ej** priateľke
nová lekáreň – k nov**ej** lekárni
mestské kino – k mestsk**ému** kinu

Adjektíva v Datíve sa zhodujú v mužskom a strednom rode (sufix – *ému*), v ženskom rode je to sufix – *ej. 남성과 중성 형용사 3 격 형태는 같다 (어미 – ému). 여성의 경우 어미는 -ej 이다.*

personálne pronominá v Datíve bez prepozície: 전치사 없이 쓰이는 인칭대명사 3 격 형태

gratulujem Marianne – gratulujem **jej**
pomáham Petrovi – pomáham **mu**
radím dieťaťu – pomáham **mu**

personálne pronominá v Datíve s prepozíciou: 전치사와 함께 쓰이는 인칭대명사의 3 격 형태

idem ku kamarátke – idem k **nej**
idem k lekárovi – idem k **nemu**
idem ku kinu – idem k **nemu**

Text 4 Na Vianoce idem k rodičom. 나는 크리스마스에 부모님께 갑니다.

Na Vianoce idem k rodičom. Kupujem im darčeky. Aj kamarátom, kamarátkam, kolegom a kolegyniam kupujem vianočné darčeky. Ale k nim na Vianoce nejdem.

Na Vianoce ideme do kostola na autách, pretože kostol je ďaleko. Asi desať kilometrov. Potom ideme k autám a musíme dať preč sneh, pretože stále sneží.

◈ Slovník 단어장

rodič, m	아버지
rodička, f	어머니
rodičia (otec a matka)	부모님
kolega, m	남자친구, 동료
kolegyňa, f	여자 친구, 여자 동료
kilometer (km), m	킬로미터
dať	주다
preč	멀리, 떨어져, 없어져
stále	계속
sneží (snežiť)	눈 내리다

문법

rodič - rodičia – rodičom

kamarát - kamaráti – kamarátom

kamarátka - kamarátky – kamarátkam

kolegyňa - kolegyne – koleginiam

auto – autá – autám

more - moria – moriam

oni/ony – k nim – im

연습 문제

1. Odpovedajte na otázky. (Telefonuješ matke? Áno, telefonujem jej.) 질문에 답하세요. (너는 엄마에게 전화하니? 응, 그녀에게 전화해.)

1) Gratuluješ dedkovi?

2) Ideš k lekárke?

3) Pomáhaš sestre?

4) Ideš k divadlu?

5) Platíš predavačke?

6) Ide tento autobus k supermarketu?

Lekcia 14

제 14 과

Text 1 Kedy idem k lekárovi? 나는 언제 병원에 갑니까?

Keď som chorý, alebo keď sa cítim zle, idem k lekárovi. Obyčajne idem najprv k môjmu všeobecnému lekárovi, ktorý ma vyšetrí a predpíše mi lieky. S týmto lekárskym predpisom (receptom) potom idem do lekárne, kde si lieky vyberiem. Niekedy za lieky platím malú sumu, niekedy platí celú sumu moja zdravotná poisťovňa.

Ak mám vážny alebo špeciálny zdravotný problém, všeobecný lekár ma pošle k odborníkovi (špecialistovi). To je napríklad očný lekár, kožný lekár alebo urológ. Ženský lekár sa volá gynekológ.

V nemocnici pracujú lekári – chirurgovia. Operujú pacientov. Pri operácii je potrebná lokálna alebo celková anestézia. Lekárovi pri operácii asistujú sestry.

◈ Slovník 단어장

chorý	아픈, 병든
cítiť sa zle/dobre	몸 상태가 나쁘다/좋다
špecialista/špecialistka	전문가, 전문의(남/여)
odborník/odborníčka	전문가, 전문의(남/여)
vyšetriť	진료하다
predpísať lieky	약을 처방하다
lekársky predpis(recept), m	병원 처방
lekáreň, f	약국
vybrať si lieky	약을 먹다
zdravotná poisťovňa, f	건강보험회사
špeciálny	특별한
zdravotný problém, m	건강상 문제
kožný lekár, m	피부과 의사
očný lekár, m	안과 의사
urológ/urologička	비뇨기과 의사
ženský lekár (gynekológ)	산부인과 의사
chirurg, m	외과의사
operovať	수술하다
pacient/pacientka	환자(남/여)
operácia, f	수술
operačná sála, f	수술실
operačný stôl, m	수술대
lokálna/celková anestézia, f	부분/전신 마취
asistovať	보조하다

Text 2 Zdravotné problémy 건강상의 문제들

Keď má niekto cukrovku, je to diabetik alebo diabetička.

Keď máme chrípku, berieme antibiotiká. Napríklad penicilín je antibiotikum.

Ako prevencia sú dobré vitamíny. Najmä v zime je dôležité jesť vitamín C, ktorý je dobrá prevencia proti chrípke a prechladnutiu.

Keď si zlomíme ruku, nohu alebo prst, lekár nám dá zlomeninu do sadry. Keď máme zlomenú nohu, potrebujeme barly, ktoré nám pomáhajú chodiť.

◆ Slovník 단어장

niekto	누군가
cukrovka, f	당뇨병
diabetik/diabetička (cukrovkár/cukrovkárka)	당뇨병 환자(남/여)
chrípka, f	독감
brať (beriem)	취하다, 섭취하다
antibiotikum, n (pl. antibiotiká)	항생제
prevencia, f	예방
vitamín, m	비타민
najmä	주로
proti	~에 반대하는
prechladnutie, n	감기
prechladnúť	감기 걸리다
zlomiť	부러지다

zlomiť si ruku	손을 삐다
ruka, f	손, 팔
noha, f	발, 다리
prst, m	손가락, 발가락
zlomenina, f	부러진 곳
sadra, f	석고
zlomený	부러진
barla, f	목발

문법

Lekár ma vyšetrí. Koho? Mňa.

Lekár mi predpíše lieky. Komu? Mne.

Lekár ťa pošle k odborníkovi, keď máš špeciálny problém. Koho pošle k odborníkovi? Teba.

V lekárni ti dajú lieky. Komu dajú v lekárni lieky? Tebe.

Text 3 Naša mama a otec varia zdravé jedlá. 우리 엄마와 아빠는 건강에 좋은 음식을 만듭니다.

Naša mama a otec varia zdravé jedlá. Jeme zeleninu a ovocie každý deň. Vieme, že raňajky sú dôležité, preto každé ráno raňajkujeme.

Zdravé potraviny sú čerstvé ovocie a zelenina, mlieko, biele mäso (napríklad kura), domáce polievky, ryža, jogurty.

Nezdravé potraviny sú napríklad sladkosti, salámy, klobásy. Vyprážané jedlá sú tiež veľmi nezdravé. Napríklad hranolky alebo šišky.

Zdravé nápoje sú džúsy alebo zelený čaj, nezdravé sú naopak sladké bublinkové nápoje ako kokakola alebo pepsikola.

◈ Slovník 단어장

zdravý	건강한
čerstvý	신선한
domáci	가정의
nezdravý	건강에 좋지 않은
sladkosť, f	과자류
vyprážaný	튀긴
vyprážať	튀기다
hranolky, pl.	감자튀김
šiška, f	도넛종류
nápoj, m	음료
naopak	반대로

bublinkový	거품 있는
bublinka, f	거품
kokakola, f	코카콜라
pepsikola, f	펩시콜라

문법

Peter je **zdravý**, ale Gabriela je **chorá**.

Jablko je **zdravé**, ale saláma je **nezdravá**.

연습 문제

1. Odpovedzte na otázky. 질문에 답하세요.

1) Jedia Kórejčania zdravé jedlá?
2) Čo je zdravšie, vyprážané jedlo alebo jedlo varené vo vode?
3) Aké vitamíny poznáte?
4) Pijete zdravé alebo nezdravé nápoje?

Lekcia 15

제 15 과

Text 1 Včera bola sobota. 어제는 토요일이었습니다.

Včera bola sobota. Dnes je nedeľa a zajtra bude pondelok.

Včera Jana upratovala. Dnes oddychuje. Zajtra bude pracovať.

Jozef pracoval včera, pracuje aj dnes a aj zajtra bude pracovať. Jozef je stále v práci.

Ivana včera cestovala do Žiliny, dnes je na návšteve u mamy v Žiline a zajtra bude cestovať naspäť do Bratislavy.

Martin bol včera v kine, dnes je doma a zajtra bude v práci. Zajtra bude pondelok.

Otec včera varil obed, dnes pozerá televíziu a zajtra bude čítať noviny.

Čo budeš zajtra robiť ty?

문법

budem
budeš
bude

budeme
budete
budú

budem pracovať
budeš pracovať
bude pracovať

budeme pracovať
budete pracovať
budú pracovať

Text 2 Marianna pôjde zajtra do reštaurácie. 마리아나는 내일 식당에 갑니다.

Marianna pôjde zajtra do reštaurácie. Nepôjde sama, pôjde s Tomášom. Potom spolu pôjdu do kina. Budú pozerať nejaký nový akčný film.

Ja nepôjdem do kina, ale do divadla. Potom pôjdem ku kamarátke a budeme študovať, pretože zajtra máme skúšku.

Ráno pôjdeme na univerzitu. Po skúške pôjdeme do pivárne na pivo.

Ty nepôjdeš do pivárne? Ani Pavol nepôjde.

◈ Slovník 단어장

zajtra, adv.	내일
akčný	활동의, 행동의, 액션의
piváreň, f	호프집

문법

verbum "ísť"

pôjdem
pôjdeš
pôjde

pôjdeme
pôjdete
pôjdu

nepôjdem
nepôjdeš
nepôjde

nepôjdeme
nepôjdete
nepôjdu

Text 3 Zajtra je sobota. 내일은 토요일입니다.

Zajtra je sobota. Nebudem pracovať. Pôjdem do shopping centra a budem nakupovať. Nebudem variť, ale budem večerať v reštaurácii. Nebudem doma, ale budem tancovať v nočnom klube. V nedeľu budem dlho spať a potom budem hrať tenis s manželom. Nebudeme pozerať televíziu, ale pôjdeme do parku a budeme sa prechádzať.

V pondelok nebudem dlho spať, pretože pôjdem do práce. Nebudem raňajkovať, pretože v pondelok nebudem mať čas. Budem obedovať v práci a večer budem variť.

◈ Slovník 단어장

nočný klub, m	나이트클럽
prechádzať sa	산책하다
čas, m	시간

문법

nebudem
nebudeš
nebude

nebudeme
nebudete
nebudú

nebudem variť
nebudeš variť
nebude variť

nebudeme variť
nebudete variť
nebudú variť

Text 4 Chcem pozerať televíziu, ale nemôžem, lebo musím študovať. 텔레비전을 보고 싶지만, 공부를 해야만 하기 때문에 그럴 수 없습니다.

Chcem pozerať televíziu, ale nemôžem, lebo musím študovať. Janka ide na diskotéku, lebo ona nemusí študovať. Mala skúšku včera. Janka chce na diskotéke fajčiť, ale nesmie. Nesmie fajčiť, ale môže piť pivo. V klube predávajú alkohol, ale fajčenie je tam zakázané.

Zajtra pôjdeme spolu na plaváreň, ja a Janka. V bazéne nesmieme kričať a nesmieme ani skákať do bazéna, môžeme iba plávať. Na kúpalisku môžeme aj skákať do vody, ale teraz je zima, preto nemôžeme ísť na kúpalisko.

V utorok pôjdeme do múzea. V múzeu nesmieme jesť, ale môžeme piť vodu. Chceme ísť do múzea v pondelok, ale nemôžeme, lebo múzeum je v pondelok zatvorené.

◈ Slovník 단어장

chcieť, (ja) chcem, (oni/ony) chcú	원하다
môcť, môžem, môžu	~할 수 있다
musieť, musím, musia	~해야만 하다
smieť, smiem, smú	~할 수 있다, ~해도 좋다
klub, m	클럽
predávať	팔다
fajčenie, n	흡연
zakázaný	금지된
plaváreň, f	수영장
bazén, m	수영장
kričať	소리 지르다
skákať	뛰어내리다
kúpalisko, n	수영장

Text 5 Oliver včera nemohol ísť do školy, pretože bol chorý. 올리베르는 어제 아파서 학교에 갈 수 없었습니다.

Oliver včera nemohol ísť do školy, pretože bol chorý. Ja som tiež nechcela ísť, ale musela som. Musela som ísť aj do školy, aj do práce. Na univerzitu som musela ísť ráno a do práce poobede.

Večer som chcela ísť do mojej obľúbenej reštaurácie, ale musela som študovať.

A Oliver nemusel robiť nič. Mohol sedieť doma a hrať sa na počítači. Ale Oliver nesmel ísť von. Musel byť iba vo vnútri.

◈ Slovník 단어장

vo vnútri	안에서
mohol/mohla/mohli	~할 수 있었다
chcel/chcela/chceli	~하기 원했다
musel/musela/museli	~해야만 했다
smel/smela/smeli	~할 줄 알았다

문법

nemusel robiť nič

Dvojitý zápor:

neviem nič

nie je nikde nič

nikto nič nevie

nikto

nič

nikde

nikdy

nijaký, -á, -é

Nikto tu nie je.

Nič nevieš.

Nikde nemajú červený sveter.

Nikdy nepozerám televíziu.

Nijaký človek nemôže žiť bez vody.

연습 문제

1. Odpovedajte na otázky negatívne. 질문에 부정으로 답하세요.

Vzor: Budeš v nedeľu študovať? Nie, nebudem študovať. / Nie, nebudem.

1) Budú Martin a Tomáš zajtra hrať tenis?
2) Bude Elena v sobotu večer tancovať?
3) Budete vo štvrtok doma?
4) Budeš v júli cestovať na dovolenku?

VERBÁ CHCIEŤ, MUSIEŤ, MôCŤ, SMIEŤ

1. Utvorte vety. 문장을 만드세요.

Vzor: ja – chcieť – spať = Ja chcem spať. / Chcem spať.

1) Mária – nechcieť – spievať
2) ty – chcieť – večerať - ?
3) mama a otec – môcť – piť víno
4) deti – nesmieť – fajčiť

Zámok Bojnice

부 록

A 슬로바키아어의 문자와 발음

1. 슬로바키아어의 알파벳

A a	a	아	N n	en	엔
Á á	á	아-	Ň ň	eň	엔느
Ä ä	široké e	애	O o	o	오
B b	bé	베	Ó ó	ó	오-
C c	cé	쩨	Ô ô	uo	워
Č č	tš	췌(체)	P p	pé	뻬
D d	dé	데	Q q	kvé	끄베(끄웨)
Ď ď	d'é	뎨(졔)	R r	er	에르
Dz dz	dzé		Ŕ ŕ	dlhé er	에르-
Dž dž	džé		S s	es	에스
E e	é	에	Š š	eš	에슈(쉬)
É é	é	에-	T t	té	떼
F f	ef	에프	Ť ť	tě(te)	떼(쪠)
G g	gé	게	U u	u	우
H h	há	하	Ú ú	ú	우-
Ch ch	chá	하(ㅋ 하)	V v	vé	베(웨)
I i	i	이	W w	dvojité vé	드보이떼베 (웨)
Í í	í	이-	X x	iks	익스
J j	jé	예	Y y	ypsilon	입실론
K k	ká	까	Ý ý	Dlhý ypsilon	입실론
L l	el	엘	Z z	zet	젯(제뜨)
M m	em	엠	Ž ž	Žet	쥇(줴뜨)

2. 모음

단모음		장모음		이중모음	
a	아	á	아-	ia	이아
e	에	é	에-	ie	이에
i ; y	이	í ; ý	이-	iu	이우
o	오	ó	오-	ô	오-
u	우	ú	우-		

모음은 a, e, i, o, u의 5개로 각각 단모음과 장모음 á, é, í, ó, ú가 있다. [이] 모음은 i, í외에 y, ý에도 나타나지만, 같은 음을 가리킨다.

2중 모음은 ia, ie, iu, ô의 4개이다.

3. 자음

유성음	b	v	d	ď	z	ž	g	h	m	n	ň	j	l	r			
무성음	p	f	t	ť	s	š	k	ch								/c/	/č/

문 자	발 음	해 설	예
B	[b ㅂ]	「부」의 자음	Nebo[네보] 또는
C	[ts ㅉ]	「쯔」의 자음	Čo[쪼] 무엇
Č	[ts ㅊ]	영어 cheese 의 ch 음	Čas[차스] 때
D	[d ㄷ]	「도」의 자음	Deň[덴] 일
Ď	[d ㅈ]	① 「디」의 자음 ② 혀 앞부분을 잇몸 뒤쪽 입천장(경구개)에 붙여서 발음	Nedeľa[네델랴] 일요일
F	[f ㅍ]	영어의 f 음에 해당	Film 필름, 영화
G	[g ㄱ]	「구」의 자음	Granát[그라나뜨(그라낫)] 석류석

H	[h ㅎ]	유성의 h	Hrad[흐라뜨] 성
ch	[x ㅎ]	혀 뒷부분을 입 안쪽 부드러운 입천장(연구개)에 접근시켜 발음	Chlieb[흘레바] 빵 독일어 Ich(이흐)때 ch 음가와 비슷
J	[j o]	「유」의 자음	Jeden[예덴] 하나 Meno[이메노] 이름
K	[k ㅋ]	「꾸」의 자음	Kino[끼노] 영화관
L	[l ㄹ]	영어 l와 거의같다 ② 혀 끝을 잇몸에 대고 내는 소리	Ale[알레] 그러나
M	[m ㅁ]	「무」의 자음으로 입을 닫고 코로 숨을 내쉰다.	Malý[말리] 작다
N	[n ㄴ]	「누」의 자음으로 혀 앞을 윗니에 붙여서 코로 숨을 내쉰다	Nos[노쓰] 코
Ň	[n ㄴ]	「냐」의 자음에 가깝다. ② 혀 앞부분을 잇몸 뒤쪽 입천장(경구개)에 대고 내는 소리	Niečo[녜쪼] 무엇인가
P	[p ㅃ]	「뿌」의 자음	Potom[뽀] 후에
R	[r ㄹ]	혀를 감아 발음	Ruka[루까] 손
R	[rz ㄹㅈ (ㄹㅅ)]	r 에 마찰이 가해진음 ② 유성이 될 때와 무성이 될 때가 있다	Rieka[르제까] 강
S	[s ㅅ]	「스」의 자음과 거의 같다.	Sen[쎈] 꿈
Š	[s ㅅ]	영어 ship 의 sh 음에 가깝다.	Škola[슈꼴라] 학교
T	[t 뜨]	「뜨」의 자음	Leto[레또] 여름
Ť	[t ㅉ]	「쯔」의 자음에 가깝다. ② 혀 앞부분을 잇몸 뒤쪽 입천장(경구개)에 대고 내는 소리	Telo[로] 몸
V	[v ㅂ]	영어 v 의 음에 해당	Voda[보다(워다)] 물
Z	[z ㅈ]	영어 z 의 음에 해당(유성음으로 마찰음)	Zima[지마] 겨울
Ž	[ž 쥐]	영어 pleasure 의 s 음에 가깝고 š 의 유성음으로 마찰음	Život[쥐보뜨] 인생, 생활

q, w, x 는 외래어에만 나타나고, 발음은 다음과 같다
q[k][kv] 끄베(끄웨) [v(w)] 드보이떼 베(웨) [ks][gz]익스
* 주로 외래어에 나타나는 음으로, dž[d3]는 č의 유성음으로 하나의 음으로서 발음된다「ㅈ」의 음과 거의 같다.
džús [쥬스] 주스 džem [잼] Kjudžin[규진] 규진
*[ ]안의 발음 기호는 IPA 표기를 따르기로 한다.

[주의]

① i와 y는 같은[이] 음[音]을 표시하지만, d, t, n 의 자음에 한해 다음에는 y 가 올 경우에는 가볍게 발음하고, i 가 오는 경우에는 ď, ť, ň 과 같이 연구개음으로 발음한다. 또, d, t, n 은 ě가 오는 경우에도 연음으로 발음한다. 표로 나타내면 다음과 같이 된다.

da	ta	na	ďa	ťa	ňa
de	te	Ne	Ďe	Ťe	ňe
dy[디]	ty[띠]	ny[니]	(di[지]	ti[찌]	ni[니])
do	to	no	(ďo[죠]	ťo[쪼]	ňo[뇨])
du	tu	nu	(ďu[쥬]	ťu[쮸]	ňu[뉴])

단, 외래어에서는 di,ti 라고 되어 있어도 dy, ty 와 같이 발음하는 경우가 있다.

Antikvariát[안띠끄와리아뜨] 헌책방; rádio[라디오] 라디오

i, y 가 d, t, n 이외의 자음에 붙는 경우에는 음가가 전혀 변화지 않는다.

My[미], mi[미] 우리들(은), 나에게; nový, noví[노비] 새로운

② ě/ä가 b, p, v, f 뒤에 붙어서 함께 발음하면이 각 [베], [뻬], [베웨], [페, 풰]로 발음된다. m 이 뒤에 오는 경우는 mne[므네]와 같이 발음 된다.

bě -> bj[뻬]	obed[오뻬뜨] 점심
pě ->pje[뻬]	pät[뻬뜨] 다섯
vě ->vje[웨]	dva[드와] 둘
fě ->fje[폐(훼)]	na Harfe[나하르훼] 거리의 이름
mne ->mňe[므네]	mesto[메스또] 거리
mesiac[므메시아쯔] 달	

③ 유성자음의 무성화

유성자음 중 무성의 짝이 있는 b, v, d, ď , z, ž, g, h,는 어미 또는 무성자음의 앞에서

무성음화 한다. 유성의 h 는 조음점이 다르지만 ch와 짝을 이룬다.

표기 발음	어미	무성자음의 앞
b → p	zub[주프]이	obchod[오쁘호뜨]가게
v → f	ostrov[오스뜨로프] 섬	dievča[지프까] 여자;
		o piatej [오 삐아떼이 다섯 시에
d → t	hrad[흐라뜨] 성	popoludní [오뜨뽈레드네]
ď → ť	obraz[오브라스] 그림	prechádzka [쁘레하스까] 산보
		z Prahy[스쁘라히] 프라하로부터
ž → š	už[우슈] 이제	ceruzka[쩨루스까] 연필
h → ch	roh[로흐] 각	ľahký [라흐끼] 간단한, 가벼운
		g → k filológ[휠로로끄] 문헌 학자

무성자음 앞에 유성 자음이 2개가 연속할 경우, 2개와도 무성음화 한다.

Vz → fs spomienka vzťah ?[스뽀미엔까 프스짜흐] 추억

유성음: štyri [치띠르지] 4, rieka[르제까] 강, dobre[도브르제] 잘
무성음: 1)어미: dym[코우르슈] 연기, lekár[레까르슈] 의사
2)무성자음의 뒤: tri[뜨르지] 3, pred[쁘르젯] ~의 앞에

⑤ 무성자음의 유성화

짝을 가지는 무성자음은 짝을 갖는 유성자음(단 v는 제외한다) 앞에서 유성화한다.

주로 다음과 같은 예가 있다.

kd → gd kto[끄또] 누구, kde[끄데] 어디, kedy[께디] 언제
sb → zb prosba[쁘로즈바]부탁, zbor[즈보르] 코러스
tb → db svadba[스와드바] 결혼식, futbal[후드발] 축구
sv → sv sloboda, svätý [슬로보다] 자유, 성스러운

4. 악센트

악센트 위치는 극히 일부를 제외하고, 어구의 제1음절에 있다. 체코어의 악센트는 음의 강약에 의한 것이지만 단지 음의 강약이라고 말해도 그다지 강한 것이 아니고, 강한 곳과 약한 곳의 차이가 거의 없다.

5. 억양

① 평서문에서는 문미가 내려간다.

Přišiel až popoludní	그는 오후가 되어서 왔다.
쁘르지쉘 아쉬 오뜨뾜레드네	

② 의문사가 없는(예, 아니오로 답한다) 의문문은 말 끝이 올라간다.

Neprišiel som neskoro?	제가 늦게 오지 않았습니까?
네쁘르지쉘 쏌 뽀즈뎨	

어미의 어구가 3음절 이상인 경우, 1) 마지막 음절이 아주 높아진 경우와 2) 2음절 째가 아주 높아지고, 3음절째부터 내려가는 경우가 있다.

1) Prídeš 　　　popoludní?	(자네는) 오후에 올 것인가?
쁘르지이데쉬 오뜨뽈레드네	
2) Prídeš 　　　popoludní?	
쁘르지예데쉬 오뜨뽈레드네	

③ 양자택일의 의문문에서는 nebo[또는]의 앞이 올라가고, 그 뒤는 내려간다.

Je 　to vaše alebo naše?	그것은 당신 것입니까? 우리들 것입니까?
예 또 와쉐 네보 나쉐	

④ 의문사가 있는 의문문은 일반적으로 어미가 내려간다

Čo to 　tu robíš?	(자네는) 무엇을 하고 있어?
쪼 또 뚜 로비쉬	

B 기초 회화

인사: 안녕하십니까?

안녕하세요! (아침인사)	Dobré ráno! 도브레 라노
안녕하세요! (낮인사)	Dobrý deň! 도브리 덴
안녕하세요! (저녁인사)	Dobrý večer! 도브리 웨체르
야! 안녕! (친한 사람에게)	Ahoj! : Čau! 아호이 차우

[해설]

① Dobré ráno! 는 아침에 일어났을 때나 또는 이른 아침 인사로 사용한다.
② Dobrý deň!은 아침부터 저녁까지 하루 종일 사용한다. 해가 지고나서는 dobrý večer!

이 인사는 첫 대면의 사람이나 가게 등에 들어갈 때 사용된다.

③ Ahoj! Čau!는 친한 사람사이에서 사용한다. Nazdar![나즈다르]도 때로는 친한 사람 사이에서 사용된다.

「~씨」에 해당하는 체코어는 남성에게 pán, 기혼 여성에게는 pani, 미혼 여성에게는 slečna로, 영어의 Mr., Mrs., Miss에 해당한다. 체코어의 경우는 성만이 아니고, 이름 앞에도 붙일 수 있다. 여성의 성은 남성의 성에 –ová가 붙는다. 남성의 성이 –ý로 끝나는 경우에 여성은 –á가 된다.

Pán Novák 빤 노와끄	노박씨
Pani Nováková 빠니 노와꼬바	노바코바 부인(노박 부인)
Slečna Nováková 슬레츠나 노와꼬바	노바코바 양

처음 뵙겠습니다.

이분은 김규진 씨입니다.	To je pán Kjudžin Kim. 또 예 빤 규진 김
저는 김규진 입니다.	Som Kjudžin Kim. 쏨 규진 김
만나서 반갑습니다.	Teší ma. 떼쉬 마

만나게 되어 기쁩니다. (첫대면에서) Teší ma, že vás spoznávam.
떼쉬 마 줴 와스 스뽀즈나왐

만나서 기쁩니다. (다시 만났을 경우)
Som rád(á), že vás vidím.
솜 라뜨(라다) 줴 와스 위짐

(당신의) 이름은 무엇입니까? Ako sa voláte?
아꼬 사 볼라떼

나는 김규진이라고 합니다. Volám sa Kyuchin Kim
볼람 싸 규진 김

[해설]

① 다른 사람에게 소개 되었을 때는 먼저 Dobrý deň! 「안녕하십니까!」라고 말한 다음 자기의 이름을 말한다.
② 이름은 som 뒤에 이름과 성의 순으로 한다.
③ 「처음 뵙겠습니다」에 해당하는 것은 「당신과 알게 되어 기쁩니다.」의 의미인 Teší ma, že vás spoznávam.이지만, Teší ma 「기쁩니다」만으로도 충분하다.
④ 다시 만났을 때는 Som rád(á), že vás vidím 「당신을 뵙게 되어 기쁩니다.」가 된다. 남성이 말할 때는 rád, 여성은 rada 이다.

건강: (안녕) 하십니까?

어떻게 지내십니까?	Ako sa máte? 아꼬 싸 마떼
고맙습니다, 잘 지냅니다.	Ďakujem, dobre. 댜꾸옘 도브레
그러면 당신은?	A vy? 아 위
고맙습니다, 잘 지냅니다.	Ďakujem, dobre. 댜꾸옘 도브레

어떻게 지내십니까?
어떻게 지내니(친한 사람에게)?
그럭저럭입니다.
Ako sa vám darí?
아꼬 싸 밤 다리
Ako sa máš?
아꼬 싸 마쉬
Ide /ujde/ to.
이데/우이데/또

나쁩니다.
무엇인가 새로운 것이 있습니까?
특별한 것은 없습니다.
Zle.
즐레
Čo je nové?
초 예 노웨
Nič zvláštne.
니츠 즈블라슈뜨네

[해설]

① 「어떻게 지내십니까?」에 해당하는 Ako sa máte? 또는 Ako sa vám darí? 이지만, Ako sa máte?가 자주 사용된다. 친한 사이에는 Ako sa máš? Ako sa ti darí? Ako sa ti vodí?)로 쓴다.

② 대답은 ďakujem 「고맙습니다.」라고 말한 다음 dobre 「좋아; 건강하다」라든가 ide to ; ujde to;[우이데 또] 「그럭저럭 입니다」 등으로 말한다.

안녕히 가십시오.

안녕히!	Dovidenia! 도비제니아
편히 주무세요!	Dobrú noc! 도브루 노쯔

안녕히!(오랫동안 만나지 못할 때)	Zbohom! 즈보헴
자, 그럼!(친한 사람에게))	Ahoj! Čau! 아호이 차우
내일까지 안녕!	Dovidenia do zajtra! 도비제니아 도 자이뜨라
건강하게 지내십시오!	Majte sa pekne! 마이떼 싸 뻬끄네
잘지네!(친한 사람에게)	Maj sa pekne! 마이 싸 뻬끄네
좋은 주말을!	Pekný víkend! 끄니 위끄엔뜨
좋은 여행을!	Šťastnú cestu! 슈따스뜨누 쩨스뚜

[해설]

① 일반적으로 사용되는 「안녕」은 Dovidenia로 다시 만날 것을 기약하는 의미가 들어있다.

② Dobrú noc!는 밤에 헤어질 때나 사용한다. Zbohom!은 2번이나 만나지 못하는 경우나 장기간 헤어지는 경우에 사용하는 것으로 보통은 사용하지 않는 편이 좋다. 뜻은 하나님과 함께 하길!

③ Ahoj! Čau!는 친한 사람 사이에 헤어질 때 사용한다.

> 슬로바키아어에서는 「예」는 áno, 「아니오」는 nie지만, 보통 구어체에서는 áno 대신에 no[노]나, áno, hej[요]를 합해서 no áno, no hej[노요]라고 사용한다. 그러므로 no라고 하면 「아니오」는 아니므로 주의한다. 이 no, áno, no áno는 「예...」 등 말이 막힐 때나 맞장구를 칠 때 사용한다. No[노]는 긍정, nie [네]는 부정.

고마워 - 천만에요.

고마워	Ďakujem! 댜꾸옘
고맙습니다.	Ďakujem vám. 댜꾸옘 밤
천만에요.	Nie je začo. 니예 자초

정말 고맙습니다.	Ďakujem vám pekne. 뎨꾸유 왐 뻬그녜
고마워 (친한 사람에게)	Díky/Vďaka/ďakujem 디끼/브댜까/댜꾸옘
천만에요.	Prosím. Rado sa stalo. 쁘로심 라도 싸 스딸로
천만에요. 별것 아닙니다.	Za málo. To je maličkosť. 자 말로 또 예 말리츠꼬스뜨
여러가지로 고마웠습니다.	Ďakujem za všetko. 댜꾸옘 자프쉐흐노.

[해설]

① 감사를 표시하는 방법으로 제일 간단한 것은 Ďakujem로 「나는 감사한다.」의 의미이다. 「우리들은 감사한다」라고 말하고 싶을 때는 Ďakujeme [뎨꾸예메]가 된다.
② 보다 정중하게 말하고 싶을 때는 vám 「당신에 대해서」를 붙이기도 하고, pekne 「멋있고, 정말로」를 붙인다.
③ dík, díky는 친한 사람에 대해서 사용한다.
④ 사람에게 예를 표할 때는 Nie je začo가 보통이다. Prosím은 「천만에요」라는 의미로 사용한다.
⑤ 「~에 대해 고마워」라고 말하는 경우에는 전치사 za를 사용한다.

아니오, 괜찮습니다.

커피 마시겠습니까?	Dáte si kávu? 다떼 씨 까부
예, 마시겠습니다.	Áno, dám si. 아노 담 씨
아니오, 괜찮습니다.	Nie, ďakujem. 네 댜꾸옘

커피 어떻습니까?	Prajete si kávu? 쁘라예떼 씨 까부
지금은 괜찮습니다. 다음에 마시겠습니다.	Teraz nie, ďakujem. Možno neskôr. 떼라스니에, 댜꾸옘. 모즈노네스꾸어르
커피는 필요 없습니까?	Nechcete kávu? 네흐쩨떼 까부
아니오, 마시고 싶습니다.	Áno, dal(a) by som si. 아노 달(달라) 비 쏨 씨

[해설]

① 「~은 어떻습니까?」라고 말할 때는 필요의 유무를 확실하게 말한다.

② 체코어의 「예」는 Áno「아니오」는 Nie이다. 「필요 없다」라고 말하는 경우, Nie에는 Ďakujem 「고마워」를 붙이는 쪽이 정중한 표현이 된다. 부정으로 묻는 경우에도 필요한 경우에는 Áno. 필요 없는 경우는 Nie. 이다.

③ 「저는 (커피 등을)마시겠습니다.」는 Dám si이고, 보다 정중하게 말하고 싶을 때는 Dal(a) by som si (남정이 말할 때는 dal, 여성이 말할 때는 dala)가 된다.

④ Ďakujem 만을 사용할 경우에는 「필요없다」라는 의미가 되지 않으므로 주의해야 한다.

미안합니다

미안합니다, 드릴 말씀이 없습니다.	Prepáčte. 쁘레빠츠떼
미안합니다.	Dovolíte? ; S dovolením! 도월리떼 즈도월레님
실례합니다.	Pardón. 빠르돈
자.	Prosím. 쁘로씸
천만에요, 괜찮습니다.	Nič sa nestalo. 니츠 싸 네스딸로

말씀(일) 중에 미안합니다. Prepáčte. Že vás obťažujem.
쁘레빠츠떼 줴 와스 오프 쥬옘

실례합니다. Ospravedlníte ma na okamih/na chvíľu/.
오스쁘라베들니떼 마 나 오깜미흐/나르윌류

화내지 마세요. Nehnevajte sa.
네흘로프떼 싸

마음에 두지 마세요, 상관 없습니다.
To nevadí.
또 네와지

아무것도 아닙니다. To nič.
또 니쯔

[해설]

① Prepáčte를 사용하는 경우에는 1)무례를 사과하는 경우와 2) 갑자기 사람에게 말을 걸거나 일을 하고 있는 사람을 막는 경우의 2가지가 있다.
② 혼잡한 차속, 도로 등을 통과하고 싶은 경우에는 Dovolíte? 또는 S dovolením! 이라고 말한다. 대답으로는 Prosím 이라고 한다.
③ 실수로 사람의 발을 밟았거나 부딪쳤을 때 가볍게 사과하는 말은 Pardón 이다. 심하게 부딪쳤을 때는 Prepáčte라고 한다.
④ 일을 끝내고 자리를 뜰 경우에는 Ospravedlnte ma를 사용한다.
⑤ 「아무것도 아닙니다.」라고 말할 때에 보통으로 상용되는 것은 Nič sa nestalo나 To nič이다.

좋습니까?

들어가도 괜찮습니까?	Môžem ďalej? 뭐젬 달레이
물론입니다.	Samozrejme. 사모즈레이메
자, 물론이지요	Prosím. 쁘로씸

담배를 피워도 좋습니까?	Môžem si zapáliť? ; Smiem si zapáliť? 뭐젬 씨 자빨리뜨 스미엠 씨 자빨리뜨
여기에서는 담배가 금지되어있습니다.	Tu nie je dovolené fajčiť. 뚜 니에 예 도블레네 화이치뜨
창을 열어도 좋습니까?	Môžem otvoriť okno. 뭐젬 오뜨보리뜨 오끄노
부탁해도 되겠습니까?	Môžem vás o niečo poprosiť? 뭐젬 와스 오 니에초 뽀쁘로씨뜨
부탁이 있습니다만.	Mám k Vám prosbu. 맘 끄왐 쁘로즈부
물어봐도 좋습니까?	Môžem sa vás na niečo spýtať? 뭐젬 싸 와스 나녜초 스삐타뜨

[해설]

① 「(내가) ~해도 좋습니까?」라고 사람에게 허가를 구하고 싶을 때는 보통 Možem...? 「~할 수 있을까?」로 한다. Možem를 약간 문어적으로 말하면 Môžem[모후]이다. 보통의 회화에서는 Môžem가 Môžeme. [뭐제메]로 된다.

② 허가를 구할 때는 Smiem...?를 사용할 때도 있다. 상대방에게 「허가를 받을 수 있을까?」라고 하는 의미가 좀 더 강해진다.

상관 없습니까?

상관 없습니까?	Nevadí Vám to? 네와지 왐 또
전혀 상관 없습니다.	Vôbec nie. 부베쯔 니에

담배를 피워도 상관 없습니까?	Nevadí Vám keď si zapálim? 네와지 왐 께뜨 씨 자빨림
사정은 어떻습니까?	Hodí sa Vám to? ; Vyhovuje Vám to? 호디 싸 왐 또 위호우예 왐 또
예, 괜찮습니다.	Áno, vyhovuje. 아노 위호우예

[해설]

① 「상관 없습니까?」는 Nevadí Vám to?로 「폐는 끼치지 않았습니까?」라는 의미도 된다. 이 경우 「상관 없습니다」라고 말하고 싶을 때는 Nie 「예」 Nevadí. 「상관 없습니다」라는 부정형으로 되므로 주의해야 한다.
② 사람을 만나는 약속을 할 때 등 결정하는 것이 상대의 사정에 맞을지, 어떨지를 확인하는 경우는 Hodí sa Vám to? ; Vyhovuje Vám to? 라고 한다.

> 슬로바키아어에는 연장자에게나 친하지 않은 사람, 친한 사람에 대한 말하는 방법이 서로 다르다. 친하지 않은 사람에게 「당신」이라고 말할 때는 본래 「당신, 님」에 해당하는 vy를 사용하고, 친한 사람에게는 ty를 사용한다. 처음 알게 된 체코인과는 vy로 말하고 친해지면 ty로 말한다. 어린이나 학생 간의 첫 대면에는 ty로 말한다. 그러나 대학생한테는 대게 vy를 사용한다. 부모와 자식 간에는 우리와 달리 친한 사이니 물론 ty를 쓴다.

부탁합니다

부탁합니다, 미안합니다.	Prosím. 쁘로씸
부탁합니다, 미안합니다.	Prosím Vás. 쁘로씸 와스
커피를 부탁합니다.	Kávu, prosím. 까부 쁘로씸
계산을 부탁합니다.	Platiť, prosím. 쁠라띠뜨 쁘로씸

조금 기다려 주십시오. — Moment, prosím. Okamih, prosím.
모멘뜨 쁘로씸 오깜미흐 쁘로씸

조선 호텔로 가주십시오. — Hotel Chosun, prosím.
호뗄 조선 쁘로씸

이것을 부탁합니다. — Tohle, prosím.
또흘레 쁘로씸

[해설]

① 「부탁합니다」 「~해주시오」라고 할 때는 Prosím을 사용한다 여기에 Prosím Vás와 같이 vás를 붙이는 것이 정중한 표현이 된다.
② 무엇인가 사고 싶어서 「~을 주시오」라고 말할 때는 명사의 앞이나 뒤에 Prosím을 붙이는 것만으로 충분하다.

~해 주시겠습니까?

설명해 주시겠습니까?	Môžete mi to vysvetliť? 뭐제떼 미 또 위스웨뜰리뜨
도와주시겠습니까?	Môžete mi pomôcť? 뭐제떼 미 뽀뭐쯔뜨

도와주시겠습니까? Mohl(a) by ste mi pomôcť?
모홀(라)비스떼 미 뽀뭐쯔뜨

조금 천천히 말해 주시겠습니까? Môžete hovoriť trochu pomalšie?
뭐제떼 호보리뜨 뜨로후 뽀말쒸에

그것을 써 주시겠습니까? Môžete mi to napísať?
뭐제떼 미 또 나삐사뜨

주소를 가르쳐 주시겠습니까? Môžete mi dať vašu adresu?
뭐줴떼 미 다뜨 와쉬 아드레쑤

미안합니다만, 그것을 집어 주십시오.
Buďte tak dobrý a podajte mi to.
부찌떼 딱 도브리 아 뽀다이떼 미 또

[해설]

① 「~해 주시겠습니까?」라고 사람에게 정중하게 의로를 할때는 Možete...?를 사용한다. 보다 정중하게 조금 돌려서 말하고 싶을 때는 Mohl(a) by ste...? (남성에 대해서는 mohol, 여성에 대해서는 mohla를 쓴다.

② 「실례합니다만, ~해주시오」라고 말할 때는 Buďte taký láskavý.[라스까프]) a...를 사용할 수도 있다. /dobrý/láskavý가 여성에 대해서는 각각 dobrá/láskavá[호드나] dobrá/láskavá[라스까와]가 된다.

~하고 싶습니다만.

그것을 사고 싶다.	Chcem si to kúpiť ? 흐쪰 시 또 꾸삐뜨
그것을 사고 싶습니다.	Chcel(a) by som si to kúpiť. 흐뗄(라) 비 쏨 씨 또 꾸삐뜨

뭘 원하십니까? Čo si prajete/želáte?
쪼 씨 쁘라예떼/젤라떼

그것을 사겠습니다. Vezmem si to.
웨즈멤 씨 또

무엇인가 마시고 싶습니다. Chcel(a) by som niečo na pitie.
흐뗄(라) 비 쏨 니에초 나 삐디에

무엇인가 먹고 싶습니다. Chcel(a) by som niečo na jedenie.
흐뗄(라) 비흐 녜쪼 끄이들루.

무엇인가 좋은 것을 먹고 싶습니다. Dal(a) by som si niečo dobré.
달(라) 비흐 씨 녜쪼 도브레흐

당신과 만나고 싶습니다. Chcel(a) by som sa s vami stretnúť.
흐뗄(라) 비 쏨 싸 스와미 스뜨레뜨누뜨

체르니끄 씨와 말하고 싶습니다.
Chcel(a) by som hovoriť s pánom Novákom.
흐뗄(라) 비 쏨 호보리뜨 스 빠놈 노와꼼

[해설]

① 「나는 ~을 하고 싶다」「~이 탐나다」라고 말할 때는 Chcem...를 사용한다.

② 「나는 ~하고 싶습니다」「~을 바랍니다.」을 부드럽게 할 때는 Chcel (a) by som... (남성이 말할 때는 Chcel, 여성이 말할 때는 Chcel)라는 가정법을 사용한다.

③ 여러 가지를 본 다음 「그것을 사겠습니다.」라고 말할 때는 Vezmem si to. 「그것을 가지겠습니다.」라고 말한다.

④ 「무엇인가 먹을 것」은 niečo na jedenie 「무엇인가 마실 것」은 niečo na pitie 「무엇인가 좋은 것, 맛있는 것」은 niečo dobré 「무엇인가 다른 것」은 niečo iné[니에초 이네]가 된다.

실례합니다만.

실례합니다만.	Prepáčte. 쁘레빠츠떼
무엇입니까?	Prosím. 쁘로씸
뭐라고 말씀하셨습니까?	Prosím. 쁘로씸

여보세요!(남성에게)	Pane! 빠네
여보세요!(여성에게)	Pani! 빠니
여보세요!(젊은 여성에게)	Slečna! 슬레츠나
여보세요! ; 잠깐만!(말을 걸 때)	Haló! 할로
여보세요!(전화로)	Haló 할로
웨이터!	Páne vrchný! 빠네 브르흐니
미안하지만, 한번더 말해주십시오.	Prosím Vás povedzte mi to ešte raz. 쁘로씸 와스 뽀베쯔떼 미 또 에슈떼 라즈

[해설]

① 길이나 무엇인가를 물으려고 타인에게 말을 걸 때는 Prepáčte「실례하지만」이라고 말을 거는 것이 보통이다. Prepáčte., Prosím 이라고 하면 보다 정중한 표현이다 여기에는 Prosím?「무엇입니까?」또는 Áno?[아노]「예?」라고 받는다.

② 사람을 부르거나 주의를 끌고 싶을 때, 남성에 대해서는 Pane! 여성에 대해서는 Pani! 젊은 여성에게는 Slečna!라고 할 수도 있다. Halò!라고 부르기도 한다. 웨이터라고 부를 때는 Pán vrchný!가 된다.

③ 전화상의「여보세요」도 Halò!이다.

④ 상대의 말을 몰라서 되물을 때는 Prosím?라고 말꼬리를 올려서 말한다. 「무엇?」에 해당하는 Čo?[쪼], Čože?[쪼줴](뭐라고?)는 그다지 정중한 표현이 아니므로, 친한 사이에서만 사용한다.

~입니까?- 예 : 아니오

당신은 동수 씨입니까?	Ste pán Dong Su? 스떼 빤 동수
예, 그렇습니다.	Áno, som. 아노 쏨
아니요, 아닙니다.	Nie, nie som. 니에 니에 쏨

실례지만, 동수 씨 부인이 아니십니까?

Prepáčte, nie ste pani Dong Su?
쁘레빠츠떼 니에 스테 빠니 동수

예, 김입니다.	Áno, som Kim. 아노 쏨 킴
패스포트를 가졌습니까?	Máte pas? 마떼 빠스
예, 이것입니다.	Áno, Prosím. 아노 쁘로씸
당신은 동수 씨를 압니까?	Poznáte pána Dong Su? 뽀즈나떼 빠나 동수
예, 알고 있습니다.	Áno, poznám. 아노 뽀즈남
아니요, 모릅니다.	Nie, nepoznám. 니에 네뽀즈남
이것은 극장입니까?	Je to divadlo? 예 또 디와들로
아니요, 이것은 박물관입니다.	Nie, to je múzeum. 니에 또 예 무제움

[해설]

① 「예」는 Áno, 「아니오」는 Nie이지만, 부정 의문문에서도 긍정의 대답은 Áno, 부정은 Nie이다.
② 동사 앞에 Nie를 붙이면 그 동사를 부정하는 것이 된다.

슬로바키아어를 아십니까?

슬로바키아어를 이해하십니까?	Rozumiete po slovensky? 로주미에떼 뽀 슬로벤스끼
아니요, 모릅니다.	Nie, nerozumiem. 네 네로주미엠
예, 그러나 조금밖에 모릅니다.	Áno, ale len trochu. 아노 알레 렌 뜨로후
영어는 할 줄 아십니까?	Hovorite po anglicky? 호보리떼 뽀 앙글리쯔끼
예, 합니다.	Áno, hovorim. 아노 호보림

나는 슬로바키아어를 조금 말합니다.
Hovorim trochu slovensky.
호보림 뜨로후 슬로벤스끼

당신은 한국어를 말할 수 있습니까?
Viete po kórejsky?
비에떼 뽀 꼬레이스끼

아니요, 할 줄 모릅니다. Nie, neviem.
니에 네비엠

영어를 말할 줄 아십니까? Mohl(a) by ste hovoriť po anglicky?
모흘(라)비스떼 호보리떼 뽀 앙글리쯔끼

이것을 체코어로 무엇이라고 말합니까?
Ako sa to povie po slovensky?
아꼬 싸 또 뽀비에 뽀 슬로벤스끼

[해설]

① 「~어를 말하다」「~어를 알다」라고 말할 때, 체코어에서는 「~어로」라고 하는 말을 사용한다. 「슬로바키아어로」는 slovensky, 「영어로」는 anglicky, 「일본어로」 japonsky, 「독일어로」는 nemecky[네메쯔끼], 「한국어로」는 kórejsky이다.

② 「(나는) ~어로 말하다」는 Hovorím...「(나는) ~어를 말할 수 있다.」는 Viem...「(나는) ~어를 안다」는 Rozumiem... 이다. ~에 ①의 「~어로」를 넣어서 사용한다.

③ Viete po anglicky?라고 말하면, 「영어를 할수 있는가(능력이 있는가)」라고 하는 의미이지만, 말을 할 수 있는지 어떤지를 상대에게 묻는 경우가 실례로 느껴질 수도 있으므로, Hovoríte po anglicky?를 사용하는 것이 보통이다. 더욱 Mohl(a) by ste hovoriť po anglicky?라고 하면 혹시 「혹시 영어를 말할 수 있으신지요?」라고 하는 의미로 정중한 질문이다.

… 이 있습니까?

맥주가 있습니까?	Máte pivo? 마떼 삐워
예, 있습니다.	Áno, máme. 아노 마메
아니요, 없습니다.	Nie, nemáme. 니에 네마메

프라하의 지도가 있습니까?	Máte mapu Prahy? 마떼 마뿌 쁘라히?
없습니다.	Nie je/Nie sú. /Nie nemám. 니에 예/니에 쑤/니에 네맘
라이터를 갖고 있지 않습니까?	Nemáte zapalovač? 네마떼 자빨로와츠
쁘로하스까 씨는 댁에 계십니까?	Je pán Procházka doma? 예 빤 쁘로하스까 도마
예, 계십니다.	Áno, je doma. 아노 예 도마
아니요, 계시지 않습니다.	Nie, nie je doma. 네 니에 예 도마

[해설]

① 레스토랑이나 상점 등에서 「~이 있습니까?」라고 말하고 싶을 때는 Máte...? 「~을 가졌습니까?」라고 묻는다

② 사람에게 물을 때 등 보다 정중하게 말하고 싶을 경우는 Nemáte...? 「~을 갖고 있지 않습니까?」라고 부정형으로 하기도 하고, 부정형으로 Nemáte náhodou... ? [네마떼 나호도우] 「혹시 ~을 갖고 있지 않습니까」와 「우연히」 náhodou를 붙인다.

③ 희망하는 물건이 없을 때는 Nemáme. 「갖고 있지 않습니다」 또는 Nie je. Nie sú. 「없습니다」라고 한다.

④ 「~이 있습니다.」가 단수에서는 je, 복수에서는 Sú[쑤]이다. 부정형은 각각 Nie je, Nie sú로 된다.

이것은 무엇입니까?

이것은 무엇입니까?	Čo je to? 초 예 또
이것은 베헤로프카입니다.	To je becherovka. 또 예 베헤로프까
베헤로프카는 무엇입니까?	Čo je to Becherovka? 쪼 예 또 베헤로프까
베헤로프카는 체코의 식사전의 입맛 돋우는 술입니다.	Becherovka je český/slovenský aperitív? 베헤로프까 예 체스끼/슬로벤스끼 아뻬라띠프

이것은 누구의 것입니까?	Čie je to? 치에 예 또
이것은 누구의 책입니까?	Čia je tá kniha? 치 예 또 끄니하
이것은 나의 것입니다.	To je moja. 또 예 모예
어느 버스가 브르노에 갑니까?	Ktorý autobus ide do Brna? 끄또리 아우또부스 이데 도브르나
이것은 무엇으로 되어 있습니까?	Z čoho je to? 스초호 예 또
이것은 무엇에 사용하는 것입니까?	K čomu je to? 끄초무 예 또
그는(그녀는) 무엇에 관해서 말하고 있는 것입니까?	O čom sa hovorí? 오촘 싸 호보리
무엇이 문제가 되어 있는 것입니까?	O čo ide? 오초 이데

[해설]

① čo?는 「무엇?」이라고 물을 때 사용한다. 앞에 전치사가 올 때는 čo의 형이 바뀔 수 있지만, čoho, čomu/komu, čím 「무엇?」이라고 하는 의미이다.
② 「누구의?」라고 말할 때는 Čí를 사용한다.
③ 「어느?」「어디의?」「어떤?」에 해당하는 것은 ktorý이다.

직업은? 고향(나라)은?

무엇을 하고 계십니까? (직업은?)	Čo robíte? 쪼 로비
나는 기자(남성)입니다.	Som žurnalista. 쏨 쥬르날리스따
당신은 어느 나라 사람입니까?	Odkiaľ ste? 오뜨끼얄 스떼
한국에서 왔습니다.	Som z Južnej Kórey. 쏨 즈 유쥬네이 꼬레이

나는 서울에서 왔습니다.	Som zo Soulu. 쏨 조 소울루
나는 한국인(남성)입니다.	Som Kórejčan. 쏨 꼬레예쯘
나는 한국인(여성)입니다.	Som Kórejčanka. 이쏌 꼬레이찬까
나는 학생(남성)입니다.	Som študent. 쏨 슈뚜덴뜨
나는 학생(여성)입니다.	Som študentka. 쏨 슈뚜덴뜨까
어디에서 일하고 계십니까?	Kde pracujete? 그데 쁘라쭈예떼
저사람(남성)은 어떤 분입니까?	Kto je ten pán? 그도 예 뗀 빤
이사람은 웨셀리 씨 입니다.	To je pán Veselý. 또 예 빤 위셸리

[해설]

① 「누구?」에 해당하는 것은 Kto?이다.
② 출신, 국적은 Odkiaľ ste? 또는 Odkiaľ pochádzate? [오뜨키얄 뽀하자떼]
③ 직업에 관해서 물을 때는 보통 Čo robíte? 「무엇을 하고 있습니까?」 또는 Kde pracujete? 「어디에서 일하고 있습니까?」라고도 한다.
④ 국적이나 직업을 말할 때, 남성과 여성의 형은 틀리다. 여성형은 남성형에 ka가 붙는 것이 많다.

여기는 어디입니까?

우리는 지금 어디에 있습니까?	Kde teraz sme? 그데 떼라즈 스메
이것은 어떤 길입니까?	Čo je to za ulicu? Aká je to ulica? 쪼 예 또 자울리찌 야까 예 또 울리쩨
이것은 네루다 거리입니다.	To je Nerudova ulica. 또 예 네루도와 울리짜

이것은 어떤 역입니까? Čo je to za stanicu?
초 예 또 자 스따니쭈

이건물은 무엇입니까? Čo je to za budovu?
초 예 또 자부도우

이길의 이름은 무엇입니까? Ako sa volá táto ulica?
아꼬 싸 볼라 따또 울리짜

미안하지만, 민족극장은 어디입니까?
Prepáčte, kde je Národné divadlo?
쁘레빠츠떼 그데 예 나로드네 디바들로

전화는 어디에 있습니까? Kde je telefón?
그데 예 뗄레폰

어디 사십니까? Kde bývate?
그데 비바떼

친구 집에 삽니다. Bývam u priateľa/pri priateľovi.
비밤 우쁘리아뗄라/쁘리 쁘리아뗄로비

프라하 호텔에 있습니다. Bývam v hoteli Praha.
비밤 브 호뗄리 쁘라하

[해설]

① 「어디?」에 해당하는 것은 kde?이다. 탈 것에 타고 있으면서 지금 어느 곳에 있는지 모르게 되었을 때는 Kde teraz sme? 「우리들은 지금 어디에 있습니까?」라고 붙는다.
② 「~은 어디입니까?」는 Kde je...가 된다.
③ Čo je to za...는 구어적으로 말하는 방법으로 「무엇이라고?」「어떤~?」이라고 물을 때 사용한다.

얼마입니까?

이것은 얼마입니까?	Koľko to stojí? 꼴꼬 또 스또이
30 코루나 입니다.	Tridsať korún. 뜨리짜뜨 꼬룬

이것으로 전부입니다.	To je všetko. 또 예 브쉐뜨꼬
전부 얼마입니까?	Koľko to stojí/to je dokopy? 꼴꼬 또 스또이/또 예 도꼬삐
무료입니다.	Zadarmo. 자다르모
이것은 싸군요.	To je lacné. 또 예 라쯔네
이것은 비싸군요.	To je drahé. 또 예 드라헤
잔돈을 가졌습니까?	Máte drobné? 마떼 드로브네
거스름 돈입니다.	Tu máte naspäť/nazad výdavok. 뚜 마떼 나스빠뜨/나자드 비다복

[해설]

① 어느 물건의 가격을 물을 때는 Koľko to stojí?이다.
② 여러 가지의 물건을 살 경우, 「이것으로 전부입니다.」라고 말할 때는 To je všetko이다. 정리해서 지불하는 금액을 물을 때는 Koľko to stojí dokopy?이다.
③ 체코의 통화 단위는 koruna[꼬루나]로 약자는 Kč(Sk)이다. 1꼬루나는 jedna koruna [예드나 꼬루나], 2(3, 4)꼬루나는 dve, tri, štyri koruny, [드웨(뜨리, 쉬띠리)꼬르니]는 숫자(기수사)에 korún [꼬룬]을 붙인다.
④ 잔돈은 drobné, 거스름 돈은 späť/nazad 또는 naspäť[나스빠뜨]이다.

어떻게 되었습니까?

무슨 일이 있었습니까?	Niečo sa stalo? Čo sa stalo? 니에초 싸 스딸로 초 싸 스딸로
(당신에게) 무슨일이 있었습니까?	Čo sa vám stalo? 초 싸 왐 스딸로
아니요, 아무것도 아닙니다.	Nič. To je v poriadku. 니츠 또 예 프뽀리아뜨꾸

어떻게 되어갑니까? 무엇이 일어났습니까? 사정이 나쁜 것입니까?	Čo sa deje? 초 싸 뎨에 Čo je vám? 초 예 왐
아무것도 아닙니다.	To nič nie je. 또 니츠 니에 예
기분이 나쁜 것입니다.	Je mi zle. 예 미 즐레
나는 머리가 아픕니다.	Bolí ma hlava. 볼리 마 흘라와

[해설]

① 「무슨 일이 있었습니까?」라고 말할 때는 Niečo sa stalo? 나 Čo sa stalo? 라고 묻는다. 지금 무엇이 일어나고 있는 경우는 Čo sa deje? 이다.

② 「당신에게 있어서 무엇이 일어났습니까?」라고 구체적으로 묻는 경우에는 vám 「당신에게 있어서」를 넣는다.

③ 사람에 대해서 「당신 어떻게 됐습니까?」라고 말할 때는 Čo vám je? 으로 된다.

④ 「(나는) ~이 아프다」라고 말할 때는 Bolí ma...로 된다.

갑시다.

커피를 마시러 갑시다.	Pôjdeme na kávu. Ideme na kávu. 뿨이데메 나 까부 이데메 나까부
어딘가로 먹으러 갑시다.	Pôjdeme sa niekam/niekde najesť. 뿨이데메 싸 녜깜/니에그데 나예스뜨

맥주를 마시러 갑시다.	Pôjdeme na pivo. 뿨이데메 나 삐보(워)
어딘가로 마시러 갑시다.	Pôjdeme sa niekam/niekde napiť. 뿨이데메 싸 녜깜/니에그데 나삐뜨
그거를 보러 갑시다.	Pôjdeme sa na to pozrieť. 뿨이데메 싸 나또 뽀즈리에뜨
영화를 보러 갑시다.	Pôjdeme do kina. 뿨이데메 도끼나
집에 갑시다.	Pôjdeme domov. 뿨이데메 도모프
갑시다.	Pôjdeme. Ideme. 뿨이데메 이데메
어디를 갑니까?	Kam idete? 깜 이데떼
성(城)에 갑니다.	Ideme na hrad. 이데메 나 흐라뜨

[해설]

① 「~하러 갑시다」「~에 갑시다」라고 말할 때는 Pôjdeme...이나, Poďme [뽀Poďme이찌메] 또는 Ideme...를 사용한다. Ideme의 쪽은 「지금 곧 간다」라고 하는 경우에 사용한다.

② kam? 「어디에?」는, kde? 「어디로?」와는 다르다. 또「간다」라고 하는 동사는 걸어서 가는 경우와 타고 가는 경우와는 다르다. 걸어서 가는 경우는 jít로 「내가 간다」는 idem, 「당신이 간다」는 idete이다. 또 타고 가는 경우는 choď로 「내가 간다」는 idem[이뎀], 「당신이간다」는 idete[이데떼]이다.

~을 좋아합니다.

나는 프라하가 정말 마음에 듭니다.	Praha sa mi veľmi páči. 쁘라하 싸 미 벨미 빠치
나는 드보르작을 좋아합니다.	Mám rád/rada Dvořáka. 맘 라뜨(라다) 드보르자까

프라하는 어떻습니까?	Ako sa vám páči Praha? 아꼬 싸 왐 빠치 쁘라하
정말 마음에 듭니다.	Veľmi sa mi páči. 벨미 싸 미 빠치
오페라를 좋아합니까?	Máte rád/rada operu? 마떼 라뜨(라다) 오뻬루

[해설]

① 「~이 마음에 든다」라고 하는 것은 Páči sa...로, 「내가」라고 말하고 싶을 때는 mi 「나에게 있어서」가 들어간다. 「당신에게 있어서」는 vám이다.
② 「(나는) ~을 좋아한다」로 말할 때는 Mám rád/rada로 된다. 남성이 말하는 경우는 rád, 여성은 rada이다. 「당신은 ~을 좋아한다」는 Máte rád/rada...이다.

왜 가지 않습니까?

왜 꼬시쩨에 가지 않았습니까?	Prečo nejdete do Košice? 쁘레초 네예데떼 도꼬쉬쩨
시간이 없기 때문입니다.	Pretože na to nemám čas. 쁘레또줴 나또 네맘 차스

왜 콘서트에 가지 않습니까? Prečo nejdete na koncert?
쁘레초 네이데떼 나꼰쩨르뜨

이미 피곤하기 때문입니다. Pretože som už unavený.
쁘레또줴 쏨 우쉬 우나웨니

[해설]

① 「왜?」에 해당하는 것은 Prečo? 「왜냐하면」은 Pretože이다.
② 「(나는) 시간이 없다」는 Nemám čas이다. 「시간이 있습니까?」라고 묻는 경우는 Máte čas?가 된다.
③ 「피곤하다」라고 여성이 말하는 경우에는 unavená로, 남성이 말할 때는 unavený로 된다.

C 단어장

A
a 그리고
aj 역시, 또한
akčný 활동의, 행동의, 액션의
ako (pracovať ako) 마찬가지로, ~와 같은
ako sa volá? 이름이 무엇입니까? 어떻게 부릅니까?
ako 마찬가지로, ~와 같은
aký/aká je/aké je 어떠한(남성/여성/중성)
ale 그러나
ambulancia, f 구급차
Amerika, f 아메리카
antibiotikum, n (pl. antibiotiká) 항생제
architekt/architektka 건축가(남/여)
asi 대략, 약, 아마도
asistent/asistentka 조교(남/여)
asistovať 보조하다
Austrália, f 오스트레일리아
auto, n 차, 자동차
autobus, m 버스
autobusom 버스로
až ~까지, ~할 때까지

B
bábätko, n 아기
babka, f 할머니
Banská Bystrica, f 반스까 비스뜨리짜
bar, m 바
barla, f 목발
basketbal, m 농구
báť sa 두려워하다
bazén, m 수영장
bicyklovať sa 자전거를 타다
biela 흰, 하얀
bol raz 옛날 옛날에
brada, f 턱, 턱수염
brať (beriem) 취하다, 섭취하다
brat, m 형제
bronzový 청동의
bublinka, f 거품
bublinkový 거품 있는
budova, f 건물, 건축물
buchta, f 둥근 빵
byt, m 아파트
bývalý 예전, 과거의
bývať 살다, 거주하다

C
celkom 전부, 모두 합쳐
celý 전체의
centrum, n 센터, 중앙
cereálie, pl. 시리얼
ceruzka, f 연필
cesta trvá dlho 가는 데 오래 걸리다
cestovať 여행하다
cestoviny, pl. 파스타
cez, prep. ~을 지나
cibuľa, f 양파
cítiť sa zle/dobre 몸 상태가 나쁘다/좋다
cukráreň, f 빵집
cukrovka, f 당뇨병
cvičiť 연습하다, 운동하다
čaj, m 차
čakať (na) 기다리다

čas, m 시간
časopis, m 지
často 자주
čašník/čašníčka 웨이터(남/여)
čerstvý 신선한
červená 붉은
česať 빗다
český 체코의
čiapka, f 모자
čierny 검은
Čína, f 중국
čistiareň, f 세탁소
čistiť 씻다, 닦다
čistý 깨끗한
čítať 읽다
Čo je to? 이것은 무엇입니까?
Čo robí? 그는/그녀는 무엇을 하니?
Čo robia? 그들은 무엇을 합니까?
Čo robíš? 너는 무엇을 하니?
Čo robíte? 당신을 무엇을 하십니까?
čo 무엇
čokoláda, f 초콜릿
čokoládový 초콜릿의
čoskoro 곧, 머지않아

D

ďakovať 감사하다
ďalej 더 멀리
ďaleko 멀리
darček, m 선물
dať, dávať 주다
dáždnik, m 우산
dcéra, f 딸
dedko, m 할아버지
deň, m 하루, 날
Denný program, m 일과표
deti, pl. (dieťa, n) 아이들
deti, pl. 아이의 복수형, 아이들
detská izba, f 어린이 방
dezert, m 디저트, 후식
diabetik/diabetička (cukrovkár/cukrovkárka) 당뇨병 환자(남/여)
diskotéka, f 디스코텍
divadlo, n 극장(연극, 오페라)
dlhý 긴
dnes, adv. 오늘
dnu, adv. 안으로
do centra 센터로, 중심으로
do kina 극장 안으로
do postele 침대 속으로
do práce 일터로
do školy 학교 안으로
do večera 저녁까지
do, prep. 안으로
dobrý 좋은
dole, adv. 밑에
dom, m 집, 건물
doma, adv. 집에(서)
domáci 가정의
domov 집, 가정
doobeda, adv. 점심 전, 오전
dovolenka, f 공휴일
dôchodca/dôchodkyňa 은퇴자(남/여)
dôležitý 중요한
drahý 비싼, 귀중한
drevený 나무의
druhé jedlo, n 수프 다음에 먹는 주요리
druhý 다른, 제 2 의, 둘째의
Dunaj, m 다뉴브강, 도나우강
dvíhať 들다, (전화를) 받다
džem, m 잼
džínsy, pl. 진
džús, m 주스

E
elegantný, adj. 우아한
elektráreň, f 발전소
e-mail, m 이 메일
ešte 아직(도)

F
fajčenie, n 흡연
farby 색깔
farebný 채색된, 화려한
fazuľa, f 콩
fazuľový, adj 콩으로 만든
fialová 보라색의
film, m 영화, 사진필름
firma, f 회사
fitness centrum, n 헬스클럽
fontána, f 분수
fotografia, f 사진
Francúzsko, n 프랑스
futbalista, m 축구 선수

G
Galanta, f 갈란타(도시)
gauč, m 소파
Gerlach, m 겔라흐(슬로바키아에서 가장 높은 산)
gratulovať 축하하다
grilovať 석쇠로 굽다

H
hamburg, m 햄버거
herec/herečka 배우(남/여)
historický 역사적인, 역사상의
hlavné jedlo, n 주식
hlavný 주요한, 주된
hnedý 갈색의
hnevať sa 화를 내다
holiť ~를 면도하다
holiť sa, nd. 면도하다
hora, f 산
horčica, f 머스타드, 겨자
hore, adv. 위에
horúci 뜨거운
hotel, m 호텔
hovädzí, adj. 소고기로 만든
hovoriť 대화하다
hrá futbal 그는/그녀는 축구를 한다.
hrad, m 성, 요새
hranolky, pl. 감자튀김
hrebeň, m 빗

C
chcel/chcela/chceli ~하기 원했다
chcieť 원하다
chirurg, m 외과의사
chladnička, f 냉장고
chlieb, m 빵
chodiť 다니다
chorý 아픈, 병든
chorý, adj. 아픈, 병든
chrípka, f 독감
chutný 맛있는

I
iba 오직, 단지
ideálny 이상적인
ideme do kina. 우리들은 영화관에 간다.
ich 그들의
informatik/informatička 안내원(남/여)
informatika, f 정보학, 정보과학
injekcia, f 주사
internát, m 기숙사
inžinier, m 기술자, 공학도
ísť 가다

izba, f 방, 아파트
izba, f 방, 아파트

J

Japonsko, n 일본
jar, f 봄
jedáleň, f 식당
jedlo, n 음식
jej 그녀의
jeseň, f 가을
jesť 먹다
jogurt, m 요구르트

K

k tomu ~에 곁들여
k/ku, prep. ~쪽으로, ~로(방향)
kabát, m 코트, 외투
kaderníčka, f 여자 미용사
kakao, n 코코아
kamarát/kamarátka 친구(남/여)
kancelária, f 사무실
kancelárska stolička, f 사무실 책상
katalóg, m 카탈로그
káva, f 커피
kaviareň, f 커피숍, 다방
každý 각각의, 개개의, 모든~, 매~
kde 어디에
kečup, m 케첩
keď ~할 때
kedy 언제
kefa, f 솔
kilometer (km), m 킬로미터
kino, n 영화관, 극장(영화)
klobása, f 소시지
klub, m 클럽
kniha, f 책
koberec, m 양탄자
kokakola, f 코카콜라
koláč, m 꼴라츠, 과일 케이크
kolega/kolegyňa 동료(남/여)
Koľko to stojí? 그것은 얼마입니까?
kontrolovať 조종하다
konzultovať 상담하다
Kórea, f 한국
koruna, f 왕관, 코루나 (슬로바키아 화폐단위)
kostol, m 교회
košeľa, f 셔츠
Košice, pl. 코시쩨(지명)
kožný lekár, m 피부과 의사
krajina, f 지방, 지역, 풍경
kreslený film, m 만화 영화
kresliť 설계하다, 그리다
kreslo, n 소파
kričať 소리 지르다
krík, m 소리지름, 외침
Kto je to? 이 사람은 누구인가?
kto 누구
ktorý/ktorá/ktoré 어떤
kufor, m 여행가방
kuchár/kuchárka 요리사(남/여)
kuchyňa, f 부엌
kúpalisko, n 수영장
kúpeľňa, f 목욕탕
kúpiť , Kupovať 사다
kurča, n 닭
kvet, m 꽃
kvetináč, m 화분

L

lacný 싼
lampa, f 램프
lavička, f 벤치
lekár/lekárka 의사(남/여)

lekáreň, f 약국
lekársky predpis(recept), m 병원 처방
len 만, 오직
letieť 날다
letná dovolenka, f 여름 휴가
letný 여름의
leto, n 여름
Libanon, m 레바논
liek, m 약
lietadlo, n 비행기
lokálna/celková anestézia, f 부분/전신 마취
Londýn, m 런던
ľudia, pl. (človek, m) 사람들
lyžica, f 숟가락

M

mačiatko, n (작은) 고양이
majonéza, f 마요네즈
malý 작은, 적은
manažér/ manažérka 매니저(남/여)
manžel, m 남편
manželka, f 부인, 아내
maslo, n 버터
mať 갖다
matka/mama, f 어머니/엄마
mäkký 부드러운
mäso, n 고기
mesto, n 도시
mestský 시의, 시내의
meter, m 미터
mierne 알맞게, 적당하게
milovať 사랑하다
mladý 젊은
mláka, f 흙탕물
mletý 간, 다진, 빻은
mlieko, n 우유
mobil, m 휴대폰
model/modelka 모델(남/여)
moderný 현대의
modrý 푸른
mohol/mohla/mohli ~할 수 있었다
more, n 바다
most, m 다리, 교량
možno 아마
môcť, môžem, môžu ~할 수 있다
môj/moja/moje 나의
môže byť 괜찮다
múdry 현명한
musieť, musím, musia ~해야만 하다
múzeum, n 박물관,
muž, m 남편, 남자
mydlo, n 비누

N

na diskotéku 디스코텍에서
na kávu 커피 마시러
na neho 그를 위하여
na ňu 그녀를 위하여
na parkovisku 주차장에서
na počítači 컴퓨터에
na Slovensku 슬로바키아에서
na univerzitu 대학교로
na, prep. ~에(서)
nádherný 멋진
nahnevaný, adj. 화가 난
najmä 주로
najprv 가장 먼저
nakoniec 끝
nakupovať 사다
nakupujem 나는 산다
námestie, n 광장
naopak 반대로
naozaj 정말로

nápoj, m 음료
napríklad 예를 들어
narodeniny, pl. 생일
naspäť, adv. 뒤로
náš, naša, naše 우리(들)의
našťastie 다행히
názor, m 시선, 견해
nejaký 몇몇의, 어떠한
Nemecko, n 독일
nemocnica, f 병원
neskoro/skoro 늦은/거의
nezdravý 건강에 좋지 않은
Nie 아니
niekedy 이따금, 간혹, 때때로
niekto 누군가
nikdy 결코 한번도 ~없다
nízky 낮은
noc, f 밤
nočný klub, m 나이트클럽
noha, f 발, 다리
nos, m 코
nový 새로운
nôž, m 칼

O

obaja 둘 다
obedovať 점심을 먹다
obchod, m 가게, 점포, 상점
obísť, dok. 비켜가다
oblak, m 구름
oblečenie, n 의복
obliekať sa 옷을 입다
obliekať 입다
obľúbený 좋아하는
obúvať 신다
obyčajne 보통, 대개
obývačka, f 거실
obyvateľ, m 거주자, 주민
očný lekár, m 안과 의사
od ~ do~ ~부터 ~까지
odborník/odborníčka 전문가, 전문의 (남/여)
Odkiaľ si? 너는 어디서(어느 나라에서) 왔느냐?
okno, n 창문
oko, n (pl. oči) 눈
okolo, prep. 가까이, 주위에
olympiáda, f 올림픽 경기
operácia, f 수술
operačná sála, f 수술실
operačný stôl, m 수술대
operovať 수술하다
oranžová 오랜지 색의
otec/oco/tato, m 아버지/아빠
otvorený 열린
ovocie, n 과일
ovocný 과일의

P

pacient/pacientka 환자(남/여)
padať 떨어지다
palác, m 궁전
palička, f 젓가락
pán/ pani/ slečna 씨(Mr.), 님, 남자 주인/부인(Mrs.), 여사/양, 미혼의 젊은 여성(Miss)
papagáj, m 마코 앵무새 (라틴아메리카 산)
papier, m 종이, 증서
paplón, m 이불
paradajka, f 토마토
Paríž, m 파리(지명)
park, m 공원
parkovisko, n 주차장

päťstotisíc (500 000)
pečivo, n 빵
pekáreň, f 빵집
pekný 아름다운, 멋진
pepsikola, f 펩시 콜라
pero, n 철필, 볼펜
pes, m 개
peši 걸어서
písací stôl, m 책상
písať 쓰다
piť 마시다
piváreň, f 호프집
pivo, n 맥주
pizzeria, f 피자가게
plán, m 계획, 설계
platiť 계산하다
plaváreň, f 수영장
pláž, f 해변
počítač, m 컴퓨터
podnebie, n 기후
podnik, m 가게, 회사
pohodlný 안락한, 편안한
pohorie, n 산맥
pokazený, adj. 고장 난
pokojný 편안한, 조용한
polica, f 선반
polička, f (작은) 선반
polievka, f 수프
politik/politička 정치인(남/여)
politika, f 정책, 정치
pomáhať 돕다
pomalý 느린
pomoc, f 도움
poobede, adv. 오후에
popoludnie, n 오후
poschodie, n 층
posielať 보내다
posteľ, f 침대
potešiť sa 기뻐하다
potešiť 반갑게 하다
potom 그리고 나서, 다음에
potraviny, pl. 식료품
potrebovať 필요하다
pozerať 보다
poznať 알다
pozrieť sa 보다
práca, f 직장, 일터
pracovať 일하다
pracovňa, f 집무실, 연구실
praktický 실질적인
práve 방금
pravítko, n 자
právnik/ právnička 변호사(남/여)
prázdny 텅 빈
praženica, f 진이긴 달걀요리
pre ~위해
preč 멀리, 떨어져, 없어져
pred, prep. ~앞에
predavačka, f 증조 할머니
predávať 팔다
predpísať lieky 약을 처방하다
prechádzať sa 산책하다
prechladnúť 감기 걸리다
prechladnutie, n 감기
prejsť, dok. 가다, 건너가다
prekladateľ/prekladateľka 번역가(남/여)
preto 그래서
pretože 왜냐하면
prevencia, f 예방
prezident, m 대통령
pri našej firme 우리 회사에 속한
pri, prep. ~가까이에, ~인근에
priateľ/priateľka 친구(남/여)
príjemne, adv. 안락하게, 즐겁게

princezná, f 공주
prísť, dok. 오다, 도착하다
profesor/profesorka 교수(남/여)
program, m 프로그램
proti ~에 반대하는
prst, m 손가락, 발가락
pršať, nd. 비가 오다
prvý/prvá/prvé 제 1 의, 첫째의

R

rad, m 열, 줄
raňajkovať 아침을 먹다
ráno, adv. 아침에
realitná kancelária, f 부동산 사무실
realitný maklér, m 부동산 업자
reštaurácia, f 레스토랑, 식당
rieka, f 강, 시내
rodič, m 아버지
rodičia pl. (otec a matka) 부모님
rodička, f 어머니
rodina, f 가족
rok, m 연, 해, 일년
rovnaký 똑같은
rozhovor, m 대화
rozprávať sa, nd. 이야기 나누다
rozprávať 재잘거리다
rôzny 다른
ruka, f 손, 팔
ruka, f 손, 팔
rukavice, pl. 장갑
ružová 붉은
ryba, f 생선, 물고기
rýchly 빠른
rysovať 재다(자를 이용하여)
ryža, f 쌀(밥)

S

s kamarátmi 남자 친구들과 함께
s kolegami 남자 동료들과 함께
s, prep. ~와 함께(전치사)
sadra, f 석고
saláma, f 살라미
sedemsto (700) 칠백
sedieť 앉다
Sedíme 우리들은 앉아 있다.
sestra, f 누이
shopping centrum, n 쇼핑센터
sivý 회색의, 잿빛의
skákať 뛰어내리다
skúsený 경험이 있는, 노숙한, 노련한
skúška, f 시험
skvelé 좋은, 멋진
sladkosť, f 과자류
slepačí, adj. 닭고기로 만든
slnečný 해가 비치는
slobodný 자유의, 미혼의
Slováci, pl. 슬로바키아 사람들
Slovák/Slovenka 슬로바키아 사람 (남/여)
Slovensko, n 슬로바키아
slovenský 슬로바키아의
slovník, m 사전
smel/smela/smeli ~할 줄 알았다
smiať sa 미소 짓다
smieť, smiem, smú ~할 수 있다, ~해도 좋다
sms (esemes), f 문자메시지
sneh, m 눈
sneží (snežiť) 눈 내리다
sobota, f 토요일
solárna energia, f 태양에너지
spálňa, f 침실
spať 자다
spolu 함께
sporák, m 스토브, 레인지

sprava 오른쪽으로부터
sprchovať sa 샤워하다
srdce, n 마음, 심장
stále 계속
stará matka/stará mama, f 할머니
starý otec, m 할아버지
starý 늙은, 낡은
stáť/stoja 서다
stejk, m 스테이크
stolička, f 작은 책상
stôl, m 책상
stretnúť 만나다
strieborný 은으로 된, 은색의
strom, m 나무
studený 차가운
súkromný podnikateľ, m 개인 사업가
supermarket, m 슈퍼마켓
Surfuje na internete. 그는 인터넷을 한다.
sveter, m 스웨터
svetlý 밝은
svoju 자신의
svokor, m 시아버지, 장인
svokra, f 시어머니, 장모
syn, m 아들
syr, m 치즈
šál, m 스카프
šalát, m 샐러드, 전채
šéf/šéfka 사장(남/여)
šiška, f 도넛종류
škaredý 추한, 못생긴
škola, f 학교, 학원
šoférovať 운전하다
šošovica, f 렌즈콩, 편두
šošovicový, adj. 렌즈콩으로 만든
špecialista, m 전문가, 전문의
špecialista/špecialistka 전문가, 전문의 (남/여)
špeciálny 특별한
šperk, m 귀금속(장신구)
športovec/športovkyňa 운동선수(남/여)
športový 운동의
šťastie, n 행운, 행복
šťastný 행운의, 행복한
študent/študentka 학생(남/여)
študovať 공부하다
šumí 속삭이다
šumieť 졸졸 소리 나다

T

tak 그래서
takmer 거의
Taliansky 이탈리아의
tam 저기에, 저기로
tancovať 춤추다
taška, f 가방
teda 따라서
Technická univerzita, f 기술대학교
technik, m 기사, 기술자
televízia, f 텔레비전
televízor, m 텔레비전
ten/tá 그것(남성)/ 저것(여성)
tenis, m 테니스
teplý 따듯한
teraz 지금
tešiť sa, nd. 즐겁다, 기대하다
tiež 역시
tichý 조용한
to je jedno 상관없다
To je... 이 사람은 ~이다
To stojí 50 korún. 그것은 50 코루나입니다.

Tokio, n 도쿄
topánka, f 신발
torta, f 케이크
toto 이것
továreň, f 공장
tretí/tretia/tretie 제 3 의, 세 번째의
trh, m 시장
tu 여기, 여기에
turista/turistka 관광객(남/여)
tvár, f 얼굴
tvoj/tvoja/tvoje 너의

U
uhorka, f 오이
ucho, n (pl. uši) 귀
ukázať, ukážem 보여주다, 나는 보여준다
ulica, f 길
umývadlo, n 세면대
umývať sa 씻다
unavený, adj. 피곤한
univerzita, f 대학교
upratený 정돈 된
upratovať 청소하다
úradník/úradníčka 사무원, 공무원 (남/여)
urológ/urologička 비뇨기과 의사(남/여)
uterák, m 타월, 수건
utierať 닦다
útulný 아늑한
už 이미, 벌써

V
v elektrárni 발전소에서
v nemocnici 병원에서
v byte 아파트에서
v centre 중앙에
v kaviarni 커피숍에서
v noci 밤에
v poriadku 괜찮다
v reštaurácii 레스토랑에서
v sobotu 토요일에
v supermarkete 슈퍼마켓에서
v škole 학교에서
v továrni 공장에서
v, prep. ~에(서)
váh, m 바흐(강 이름)
vaňa, f 욕탕
vanilkový 바닐라의
vankúš, m 쿠션
variť 요리하다
vážny 심각한
večer, adv. 저녁에
večera, f 저녁식사
večerať 저녁식사 하다
veľa šťastia 행운을 빕니다
veľký 큰
veľmi 대단히, 매우
veriť 요리하다
veselý 유쾌한, 즐거운
veterinár, m 수의사
veža, f 탑
Vianoce, pl. 성탄절
vianočná pohľadnica, f 크리스마스 카드
vianočný stromček, m 크리스마스 트리
vianočný 크리스마스의
vidieť 보다
vidlička, f 포크
víno, n 포도주
vitamín, m 비타민
vlas, m 머리카락
vľavo, adv. 왼쪽에
vnučka, f 손녀
vo firme 회사에서

vo vnútri 안에서
vojsť, dok. (안으로) 들어가다
volá sa... ~라고 부른다(한다)
von, adv. 밖으로
vpravo, adv. 오른쪽에
vpredu, adv. 앞에
vrch, m 꼭대기, 산정
vstávať 일어나다
všeobecný lekár, m 일반의(의사)
všetko 전체의
vybrať si lieky 약을 먹다
vydať 출하다
vyjsť, dok. (밖으로) 나오다
vyprážaný 튀긴
vyprážať 튀기다
Vysoké Tatry, pl. 비소케 타트리(산맥) (슬로바키아에 있는 산)
vysoký 높은
vyšetriť 진료하다
výťah, m 엘리베이터
vývar, m 국물
Vzadu, adv. 뒤에
vždy 언제나

Z

z práce 직장으로부터
z katalógu 카탈로그로부터
z reštaurácie 식당으로부터
z/zo, prep. ~로부터
za, prep. ~뒤에
zahraničný 외국의
zajtra, adv. 내일
zakázaný 금지된
základná škola, f 초등학교
zase 또, 다시
zasnežený 눈 덮인
zatvorený 닫힌
zaujímavý 재미있는
zdravotná poisťovňa, f 건강보험회사
zdravotná sestra, f 간호사
zdravotný problém, m 건강상 문제
zdravý 건강한
zelená 녹색의
zelenina, f 채소
zeleninový, adj. 채소의
zemiak, m 감자
zima, f 겨울
zlatý 금의, 금으로 된
zlomenina, f 부러진 곳
zlomený 부러진
zlomiť si ruku 손을 삐다
zlomiť 부러지다
zlý 나쁜, 사악한
zmrzlina, f 아이스크림
zmrzlinový pohár 컵 아이스크림
zub, m 이빨, 치아
zubná kefka, f 칫솔
zubná pasta, f 치약
že ~라는 사실이 (접속사)
žemľa, f 롤빵
žena, f 아내, 여자
ženatý 결혼한
ženský lekár (gynekológ) 산부인과 의사
žiletka, f 면도기
žiť 살다, 거주하다
žltá 노란
žurnalistika, f 저널리즘

초급 슬로바키아어 강독

초판 인쇄 2010년 8월 20일
초판 발행 2010년 8월 30일

저 자 ▪ 김규진, Nina Haviernikova
펴낸이 ▪ 박 철
펴낸곳 ▪ 한국외국어대학교 출판부
130-791 서울시 동대문구 이문동 270
전화 (02)2173-2495~6
FAX (02)2173-3363
홈페이지 http://press.hufs.ac.kr
전자우편 press@hufs.ac.kr
출판등록 ▪ 제6-6호(1969. 4. 30)
편집 · 디자인 ▪ ㈜이환디앤비 (02)2254-4301
인쇄 · 제본 ▪ (주)동국문화 (02)718-5011

ISBN 978-89-7464-616-5 18790 정가 14,000원(mp3 CD 포함)

* 잘못된 책은 교환하여 드립니다....

불법복사는 지적재산을 훔치는 범죄행위입니다.

저작권법 제136조(권리의 침해죄)에 따라 위반자는 5년 이하의 징역
또는 5천만 원 이하의 벌금에 처하거나 이를 병과할 수 있습니다.